SONDERAUSGABE
Exklusiv für unsere Leser

W0083834

Tel.: 01805 / 30 99 99
(0,14 Euro/Min., Mobil max. 0,42 Euro/Min.)
www.buchredaktion.de

Dr. oec. Klaus Blessing

Geboren 1936 in Liegnitz, 1958 Abschluss als Dipl. Wirtsch. an der Karl-Marx-Universität Leipzig, betriebswirtschaftliche Tätigkeit in metallurgischen Betrieben und Kombinaten der DDR; 1970 Abteilungsleiter, ab 1980 Staatssekretär im Ministerium für Erzbergbau, Metallurgie und Kali. Promotion an der Bergakademie Freiberg zum Dr. oec., 1986–1989 Abteilungsleiter Maschinenbau und Metallurgie im ZK der SED; Autor mehrerer politischer Sachbücher u.a. »Ist sozialistischer Kapitalismus möglich?« (2003) und »Die Schulden des Westens« (2010), Publizist in mehreren Tageszeitungen.

Dipl.phil. Manfred Manteuffel

1934 in Danzig geboren. 1950–1952 Lehre als Stahlschiffbauer in Wismar. 1953–1956 Studium an der Ing.-Offz.-Schule der Seestreitkräfte, Fachrichtung Schiffsmaschinenbetrieb. Einsatz als Ingenieur auf Schiffen der Volksmarine. 1972–1975 Studium der Philosophie an der Ernst-Moritz-Arndt-Universität Greifswald. Abschluss als Dipl-phil. 1977 Besuch des Lehrgangs Führungskräfte an der Militärakademie Dresden. 1984 als Fregattenkapitän a.D. aus der Volksmarine ausgeschieden. 1984–1990 Referent für Kirchenfragen beim Rat der Stadt Rostock.

KLAUS BLESSING
MANFRED MANTEUFFEL

JOACHIM GAUCK.
DER RICHTIGE MANN?

Kritische Anmerkungen anhand von Reden,
Dokumenten und Zeitzeugenaussagen

Sonderausgabe
Edition Berolina

3. Auflage dieser Sonderausgabe

Alexanderstraße 1
10178 Berlin
Tel. 01805 / 30 99 99
Fax 01805 / 35 35 42
(0,14 €/Min., Mobil max. 0,42 €/Min.)

© 2013 by BEBUG mbH / Edition Berolina, Berlin
Druck und Bindung: GGP Media GmbH, Pößneck

www.buchredaktion.de

Inhalt

Abbildungsnachweis: dapd (Titelbild, S. 19, 97, 114, 139, 143); picture alliance (S. 43); dpa (S. 22, 110, 120, 126, 143, 147); screenshot/b-event-com (S. 101); Bildschirmfotos ZDF (S. 33, 35, 88); Bildschirmfoto SAT 1 (S. 90), Archiv Junge Welt (S. 86, 113); Karikaturen mit freundlicher Gehmigung von Klaus Stuttmann (S. 20, 160); Faksimiles: Archiv der Autoren

Statt einer Einleitung: einige Fragen an die Autoren

Joachim Gauck ist nunmehr über ein Jahr im Amt des Bundespräsidenten. Nach Medienberichten erfolgreich und beliebt. Es gibt bereits einige Bestseller von und über Gauck, wollen Sie mit Ihrem Buch damit konkurrieren?

Dass Gauck-Publikationen Bestseller geworden sind, zeigt das große Interesse an der Vita dieses weitgehend unbekannten Wesens, besonders in westlichen Gefilden. Die Bestseller zeichnen jedoch ein völlig einseitiges Bild. Die Gauck-Biografie von Norbert Robers [1] ist bestellte Hofberichterstattung, eine Anbiederung und Lobpreisung. Ein Satz: Ein »Grund für seine Attraktivität als Bundespräsident liegt in seiner Persönlichkeit begründet. Seine Mehrdimensionalität strahlt aus und zieht an.« Gauck steht jedoch exemplarisch für »Eindimensionalität«: Vergangenheitsbewältigung im Kontext mit Kommunistenhass und Kommunistenhatz. Gaucks »Winter im Sommer – Erinnerungen« [2], die allerdings gar nicht von ihm selbst geschrieben, sondern von der Publizistin Helga Hirsch aus acht Monate langen Gesprächen zusammengestellt worden sind, sind Selbstbeweihräucherung. Die kritischen Stellen in seinem Leben werden in beiden Bestsellern ausgespart oder beschönigt. Und die von Gauck selbst publizierte inhaltsleere »Freiheit« [3], ein marktwirksam hochgejubelter Vortrag, ist nicht des Erwähnens wert. Wir wollen und werden keine neue Biografie dagegen setzen, sondern vorrangig schwarze Stellen im politischen und persönlichen Leben des Gepriesenen ein wenig aufhellen. Davon gibt es genügend. Wir werden auch offenkundige Verdrehungen und Unterlassungen in den bestellten Biografien aufdecken und auf Grund unserer Erkenntnisse und Recherchen richtig stellen. Dabei beziehen wir ganz bewusst möglichst viele Meinungen von Bürgern, Organisationen und Publikationen ein. Wir haben viele hundert Fernsehsendungen und Presseveröffentlichungen von, mit und über Gauck ausgewertet. Die brisantesten haben wir auszugsweise dokumentiert. Unser Buch lebt von Originalen: Dokumenten, Zeugen, Bürgermeinungen, Standpunkten – und von sachbezogener Polemik. Wir sehen es gegenüber der Öffentlichkeit als unsere Pflicht an, die einseitige und häufig verfälschte Berichterstattung dadurch zu korrigieren und Wahrheiten über die Person zu vermitteln, die protokollarisch an erster Stelle des Staates steht. BILD fragt provokant: »Ist er der beste Präsident aller Zeiten?«[4] Ein Hohn auf mehrere seiner Amtsvorgänger. Und sie wird auch nicht gestützt durch Umfragen, vor allem im Osten. In der THÜRINGER ALLGEMEINEN (vom 19. März 2013) antworten auf diese Frage 88 Prozent mit »nein«.

BILD zitiert aus dem Interview mit Gauck: »Zunächst einmal gehört ein ganz genaues Überprüfen und Hinterfragen von Politikern zu unserer politischen Kultur.« Nichts anderes haben wir getan. Der TAGESSPIEGEL resümiert nach einem Jahr Gauckscher Präsidentschaft: »Er sagt nach diesem einen Jahr, an Millionen gewandt, Politiker müssten die Wahrheit sagen, nichts verschweigen – und sagt es sich selbst. Er muss sich auch daran halten.«[5] Daran – am Wahrheitsgehalt und dem Nichtverschweigen – haben wir ihn gemessen. Die Ergebnisse sind erschreckend.

Dazu gehört doch selbstverständlich auch die Auseinandersetzung mit Originalaussagen von Gauck?

Natürlich. Wir bitten den Leser um Nachsicht, wenn wir an einigen Stellen umfangreichere Zitate von Gauck selbst aus seinen Reden und Schriften verwenden.[6] Es ist teilweise eine Zumutung, den Tiraden, Verdrehungen und hohlen Phrasen zu folgen, aber nur dadurch ist unsere Auseinandersetzung authentisch.

Welche Erkenntnisse soll Ihr Buch vermitteln?

In erster Linie die, dass es Gauck mit der Korrektheit seiner Aussagen nicht immer so genau nimmt. Das wird durch Zeugenaussagen und Dokumente gestützt. Wir weisen nach, dass Gauck entgegen mehrerer eidesstattlicher Versicherungen – die wir beifügen – seit 1986 **auf eigenen Wunsch** Kontakte zum Ministerium für Staatssicherheit (MfS) gesucht, gefunden und persönliche Vorteile erreicht hat. Das Landgericht Rostock hat in einem rechtskräftigen Urteil vom 22.9.2000 zugelassen »Gauck im Sinne des Stasi-Unterlagengesetzes als Begünstigten zu bezeichnen.« Das Verwerfliche ist nicht nur, dass er sein Verhalten leugnet und umdeutet, sondern dass er als Leiter der »Stasi-Behörde« Menschen, die nichts anderes und weniger getan haben, erbarmungslos gejagt hat. Wir dokumentieren einige dieser Fälle, wo ehrenwerte Menschen dadurch zum Selbstmord getrieben wurden. Wir konzentrieren uns aber nicht nur und nicht einmal vorrangig auf die Stasi-Problematik, obwohl Gauck ohne diese kein Politikum darstellen würde. Wir enthüllen die Widersprüchlichkeit seiner Aussagen, weitere Unwahrheiten, Halbwahrheiten, Verdrehungen und Unterschlagungen aus seinem Leben und entlarven seine Hetze als Prediger, Vortragsreisender und Präsident.

Sie werfen die Frage auf, ob Gauck in seinen »eidesstattlichen Erklärungen« die ganze Wahrheit gesagt hat.

In diesem gepriesenen »Rechtsstaat« kann gelogen und betrogen werden, dass sich die Balken biegen. Niemand braucht sich über unsere »politische Elite« wundern, wenn sie davon reichlich Gebrauch macht. Das ist nicht immer justitiabel. Diese Rechtsposition hat nicht ein Laie, sondern der ehemalige Präsident der Bundesrechtsanwaltskammer veröffentlicht.[7] Er schreibt: »…nicht alles, was wir moralisch verachten…, führt zu rechtlichen oder gar strafrechtlichen Folgen. Das heißt: Die Lüge, also die bewusste falsche Behauptung einer Tatsache, ist nicht strafbar. Der Lügner wird aber dann bestraft, wenn z.B. seine Lüge zu einem Schaden führt...« Die Frage muss also lauten: Wurde hier Schaden zugefügt?

Wir haben es jedoch mit dem Bundespräsidenten zu tun. Dieser genießt besonderen Rechtsschutz. Ob jedoch ein Bundespräsident und ehemaliger Pfarrer, der als höchster Repräsentant das Land vertreten sollte, so lax mit der Wahrheit umgehen kann, ist eine berechtigte Fragestellung.

Sie behaupten, dass Gauck weitere Entstellungen über sein Leben verbreitet hat, welche?

Da ist z.B. die Sache mit seinem Vater. Immer wieder wird von ihm behauptet, sein Vater sei wegen eines belanglosen Briefes eines DDR-Flüchtlings von den Kommunisten in die Sowjetunion verschleppt worden. Wir dokumentieren aus der Arbeit eines österreichischen Historikers, der in sowjetischen Archiven recherchierte, dass eine rechtskräftige Verurteilung wegen Spionage für ausländische Mächte, konterrevolutionärer Tätigkeit und antisowjetischer Propaganda erfolgte. Gauck verschweigt auch für ihn unangenehme, im wahrsten Sinne des Wortes schwarze Flecken in seinem Leben.

Gauck wuchs in einem Elternhaus mit starker Bindung zu Hitler-Deutschland auf?

Ja, seine Eltern waren zeitig der NSDAP beigetreten. Dafür kann Joachim Gauck natürlich nichts, niemand kann sich sein Elternhaus aussuchen. Aber Gauck setzt sich mit dieser Vergangenheit, die offensichtlich tiefe ideologische Spuren hinterlassen hat, nicht auseinander. Äußerungen von Gauck stellen DDR und NS-Verbrechen auf eine Stufe: »*Insgesamt erfüllt es mich mit tiefer Genugtuung, dass wir ein Spezialgesetz* (Stasi-Unterlagengesetz) *ge-*

schaffen haben, das zur Delegitimierung der vergangenen Diktatur bei-
getragen hat. Ähnliches hatten die Alliierten nach dem zweiten Welt-
krieg im Sinn, als sie in Nürnberg ein spezielles Tribunal errichteten,
vor dem ›Verbrechen gegen den Frieden und die Menschlichkeit‹ verhan-
delt wurden.«[8] Diese Meinungsäußerung und weitere geschmack-
lose Gleichsetzungen von DDR und Faschismus von Herrn Gauck
sind wirklich nicht mehr zu toppen: Stasi-Akten sind nach gleichen Kriterien zu behandeln, wie Nazi-Verbrechen mit 60 Millionen Toten! Andere Äußerungen von Gauck sind revanchistisch:
»Die Kommunisten zementierten grobes Unrecht, als sie 1950 die Oder-
Neiße-Grenze als neue deutsch-polnische Staatsgrenze anerkannten.«[9]
Nirgends, auch nicht nach seiner Wahl zum Bundespräsidenten,
finden sich zu diesen Positionen klarstellende Bemerkungen, alles bleibt im Dunkeln.

Welche Wertungen treffen Sie über die bisherige Gaucksche Präsidentschaft?

Das Grundgesetz verpflichtet den Bundespräsidenten zu »Gerechtigkeit gegenüber jedermann«. Gemäß Bundespräsidialamt
wird vom Amtsinhaber politische Neutralität und Abbau von
Vorurteilen verlangt. Der Herr Präsident scheint jedoch zu über-
sehen, dass er nicht Präsident ist, um seine persönliche Meinung
unter das Volk zu tragen. Selbst die bürgerliche Presse kommt zu
der Erkenntnis, dass Gauck vorrangig in Worte verliebt ist: »Joachim Gauck sieht sich nämlich vor allem als der ›Bürger Gauck‹,
der jetzt, angekommen in diesem Land, in diesem Amt, frei sagen kann, was die anderen Bürger nicht so sagen können … Er formuliert auch schön. Man freut sich zu sehen, wie Gauck sich daran freut. Und man ist geneigt zu überhören, wie er sich größer
macht auf Kosten anderer.«[10]

Gaucks öffentliche Auftritte sind geprägt vom Ausleben seines unglaublichen Hasses auf alles, was irgendwie mit DDR und

Sozialismus zusammen hängt und mit einer persönlichen Anbiederung an diejenigen, die ihn auf den Präsidentenstuhl gehievt haben oder vor denen er gerade spricht. Seine staatsmännische Verantwortung zur Wahrnehmung der Interessen des Volkes ist bisher nicht spürbar, weder was dessen soziale Nöte betrifft, noch was die Friedenspflicht Deutschlands angeht. Gauck bedient die Interessen des deutschen Kapitals und nicht die seiner Bürger. Sein inhaltsleeres Freiheitsgeschwätz geht auf die Nerven. Zukunftsweisendes hat er nicht zu sagen. Seine von ihm selbst hochgejubelte »Europa-Rede« wird von bürgerlichen Presseorganen als »Gaucks Leere« bezeichnet.[11]

Sie kritisieren besonders seine Rede vor der Führungsakademie der Bundeswehr in Hamburg?

Ja, besonders, aber nicht nur die. Wir haben im Buch einige der schlimmsten Ausfälle aus seinen Reden und Publikationen dokumentiert. Es stimmt, die Rede vor der Führungsakademie der Bundeswehr stellt einen besonderen Höhepunkt dar. Leider steht Gauck mit Verunglimpfungen der DDR-Soldaten als schießwütige Monster einerseits und der Bundeswehr als friedensstiftende Engel andererseits nicht allein. Die Bundeskanzlerin hat seine Formulierungen schon vor Jahren übertroffen. (siehe S. 114)

Zu DDR-Zeiten hing in Pfarrer Gaucks Zimmer die bekannte Losung: »Macht Schwerter zu Pflugscharen.« Heute segnet der wandelbare Pfarrer als Präsident die Auslandseinsätze der Bundeswehr politisch ab.

Weil einer der immer schneller verschleißenden Vorgänger von Gauck es gewagt hatte, die wahren Ursachen der Auslandseinsätze zu enthüllen – Rohstoffsicherung für die Profite der Wirtschaft – wurde er bekanntlich »gegangen«.

Wie würden Sie Gauck charakterisieren?

Da lassen wir Wegbegleiter sprechen, die ihn länger und besser kennen. Pastor Hans-Jochen Tschiche – engagierter und nicht angepasster Bürgerrechtler – sagt über Gauck: »Ach, wissen Sie, bei Joachim Gauck kann man eine Art Schauspiel betrachten, das der kindlichen Eitelkeit. Es ist fast niedlich, wie eitel der Kerl ist ... Ich sage mir, Tschiche, wenn Du nicht den Mund aufmachst und zu dem Falschspieler was sagst, kannst Du auch später nichts mehr sagen. Außerdem bin ich sicher, dass es mit Gauck noch ordentlich Theater geben wird.«[12] »Ein Mann, von keinem Selbstzweifel geplagt, von einer Aura kindlicher Eitelkeit umgeben, der in der Öffentlichkeit mit herablassender Jovialität seine Worte auf seine Zuhörer herabfließen lässt, bietet zwar ein interessantes Schauspiel, aber erfüllt nicht die Erwartungen an einen Präsidenten.«[13]

Peter-Michael Diestel meint: »Gauck will nicht Versöhnung, Gauck will ... abstrafen und damit Rache. Immer wollte er Macht über und gegen Menschen ausüben. Vor der Wende kungelte er mit der Stasi ..., nach der Wende mit den Stasi-Unterlagen. Er ist auf seine Weise ein Bruder von McCarthy. Gebrüder Unerbittlich.«[14] »Wendig wendete sich Gauck (1989) vom Machtfaktor MfS ab und dem neuen Machtfaktor zu. Als wiederum dieser 1998 seine Wende erlitt (von der SPD- zur CDU-geführten Regierung), wendete sich Gauck wendig dem gegenwärtigen Machtfaktor zu. Wie bezeichnete man früher einen solchen Charakter?«[15]

Das Mitglied der Rostocker Bürgerschaft, Günter Althaus, meint: »Gauck ist kein Versöhner, sondern ein Spalter. Er redet den Menschen nach dem Munde. Sein intellektuelles Niveau und die politische Haltung Herrn Gaucks zeigten sich für mich schon vor Jahren, als er in einem Fernsehinterview in seiner geschwätzigen Art meinte, wenn die Franzosen 1957 das Saarland zurückgegeben hätten, hätten das die Polen mit den deutschen Ostgebieten auch tun sollen.«

Der im Juli 2003 emeritierte Pastor der evangelisch-lutherischen Innenstadtgemeinde in Rostock, Dr. Jens Langer, meint: »Gauck hat sich anhaltend zu wichtigen Themen des vorigen Jahrhunderts im Kontext der Vergangenheit geäußert. Staatssicherheit, Umgang mit ihren Akten, Anpassung und Identitätsbewahrung. Er arbeitete sich damit vor allem an Stolpe und Gysi ab. Das war penetrant manisch und jeder von beiden eine Nummer zu groß für ihn. Der Tunnelblick verengte den Horizont. Die Probleme des 21. Jahrhunderts kamen nicht vor. Am Ende des Tunnels sieht er aber immer ein Licht, die Bundesrepublik Deutschland als die beste aller Welten, und diese Wahrnehmung wird stets mit warmem Pathos angesagt, bevor er sich wieder einmal an die Brust des geliebten Staates wirft.« [16]

Eine verbürgte Aussage seiner (Noch)Ehefrau aus den Zeiten der »Wende« lautet sinngemäß: Wenn mein Mann in der Öffentlichkeit und im Mittelpunkt des Interesses steht, neigt er zu Übertreibungen und nimmt es mit der Wahrheit nicht so genau.

Und Ihre persönliche Meinung nach den umfangreichen Recherchen?

Die Leser mögen sich nach der Lektüre unseres Buches ein eigenes Urteil bilden. Wir werden uns – auch aus rechtlichen Gründen – mit Werturteilen weitgehend zurück halten. Wir lassen lieber Tatsachen sprechen. Unsere Recherchen fördern jedoch ein Menschenbild zutage, das uns befremdet hat. Eine seiner eigentümlichen Charaktereigenschaften ist offenkundig die Selbstdarstellung, aber nicht nur um sich darzustellen, sondern auch um andere Menschen zu manipulieren. Er brüstet sich mit der Selbsteinschätzung: »*Es ist mir immer gelungen, Menschen zu etwas zu bringen, was sie sonst nicht getan hätten.*« [17]

Wie ist es möglich, dass in einer modernen Gesellschaft mit praktisch unbegrenzten Kommunikationsmöglichkeiten eine Person mit derartigen Defiziten Präsident der Bundesrepublik Deutschland werden konnte und bis heute medial von einer Aura der »Beliebtheit« überzogen wird?

Diese Frage stellen wir uns und viele Bürgerinnen und Bürger auch. Die politische Zweckbestimmung liegt auf der Hand. Gaucks rückwärts gerichteter Antikommunismus ist für die Herrschenden nützlich zur Abwehr von vorwärts weisenden Gedanken zur progressiven Veränderung der Gesellschaft. Ein aktuelles Buch eines anerkannten Psychiaters und Psychoanalytikers öffnet vielleicht die Augen über die menschlich-psychologischen Ursachen derartigen Verhaltens.[18] Der Autor Hans-Joachim Maaz kommt zu dem Schluss, dass das Wirken vieler mächtiger Politiker und der kapitalistischen Gesellschaft als Ganzes in hohem Maße auf psychopatische Fehlsteuerungen der Handelnden zurückzuführen ist. Er bezeichnet dieses Verhalten als »pathologischen Narzissmus«, dessen Wurzeln in der Kindheit gelegt wurden.

Sie legen so viel Wert auf Verhaltensweisen und Charakterzüge von Gauck, geht es nicht viel mehr um die politischen Positionen?

Natürlich geht es um die politischen Positionen. Aber: der Charakter des Handelnden bestimmt oftmals seine Politik. Natürlich hat Jeder Recht, der an dieser Stelle einwendet: Mit den Charaktereigenschaften vieler anderer Politiker steht es auch nicht zum Besten. Niemand hat sich ja vor Antritt seines Postens einem Charaktertest zu unterziehen. Es gibt keinen verfassungsrechtlichen Verhaltenskodex für Bundespräsidenten. Jedoch die Gesellschaft integrieren statt spalten, versöhnen statt rächen, vorwärts weisen statt Vergangenheit überzubetonen, gehören bestimmt dazu. Es gibt bisher von Gauck keine einzige politisch überzeugende Idee in einer sich immer weiter zuspitzenden gesellschaftlichen Entwicklung. Gauck lebt in seiner kleinen Welt in der Vergangenheit.

Warum konzentrieren Sie sich in Ihrer Auseinandersetzung auf Gauck?

Es ist richtig, dass es letztlich nicht um Gauck, sondern um die Politik dieses Landes geht, deren oberster Repräsentant allerdings Gauck ist. Die Politik der gesamten Bundesrepublik wird unsozialer, aggressiver und rückt nach rechts. Gauck verkörpert eine extreme Verschiebung der politischen Koordinaten und Gauck ist am angreifbarsten. Letzteres wollen wir nutzen, um ein politisch sichtbares Zeichen zu setzen.

Ist nicht daraus zu schlussfolgern, dem Herrn Präsidenten zum »letzten Großen Zapfenstreich« zu verhelfen?

Das liegt nicht in unserer Macht. Darüber entscheiden andere politische Kräfte, vorrangig führende Massenmedien, wie die »Affäre Wulff«[19] gezeigt hat. Jedoch: Der anerkannte Staatsrechtler Prof. Dr. Herbert von Arnim vertritt den Rechtsstandpunkt, dass unangemessenes Verhalten, Verheimlichen und unvollständiges Darstellen der eigenen Biografie **vor der Amtseinführung** ein Rücktrittsgrund sind.[20] Uns ist jedoch klar, dass ein Rücktritt in der heutigen von einigen Medien dominierten Meinungsbildung nur dann gelingt, wenn meinungsbildende Massenmedien dafür gewonnen werden. Wir haben erlebt, wie bei Gaucks Vorgänger die Medien – allen voran BILD – innerhalb kürzester Zeit einen Meinungsumschwung von einem »beliebten« Präsidenten zum Abschiedskandidaten herbeigeführt haben.

Einer der Großen in der Medienbranche muss beginnen, dann entwickelt sich die mediale Eigendynamik: Keiner will dann zurückstehen.

Unsere Hoffnungen darauf sind jedoch nicht groß! FAZ und FOCUS haben sogar abgelehnt, eigene veröffentlichte Recherchen zu Gaucks Vergangenheit für unser Buch freizugeben.

Wir hatten bereits vor der Wahl Gaucks zum Bundespräsidenten entscheidende Politiker – alle im Bundestag vertretene Parteivorsitzende, Bundestagspräsident, mehrere Wahlmänner und -frauen – informiert, wer da vereidigt wird. (Brief an den Bundestagspräsidenten Anlage 1) Leider gab es darauf nur wenige, zumeist nichtssagende Reaktionen. Das ist nicht nur entlarvend, sondern auch blamabel. Deshalb sollte die Öffentlichkeit stärkeren Druck ausüben. Aus diesem Grund bitten wir auch die Leser unseres Buches um Mithilfe. Verwenden Sie unsere Fakten, verbreiten Sie diese weiter und konfrontieren Sie die Medien und Politiker damit.

Anmerkungen

1 Norbert Robers »Joachim Gauck – Vom Pastor zum Präsidenten – Die Biografie« Koehler & Amelang 2012

2 Joachim Gauck »Winter im Sommer – Frühling im Herbst – Erinnerungen« Pantheon 2011

3 Joachim Gauck »Freiheit – Ein Plädoyer« Kösel-Verlag München 2012

4 BILD vom 17.3.2013

5 »Ein Jahr Joachim Gauck« – Leitkommentar des TAGESSPIEGEL vom 18.3.2013

6 Alle originalen Gauck-Zitate sind zur sichtbaren Abgrenzung zum übrigen Text kursiv geschrieben.

7 Dr. Bernhard Dombek »Wann bleiben Lügen folgenlos?« – TAGESSPIEGEL vom 22.4.2012, S. 16

8 Gauck »Winter im Sommer…« S. 316/317

9 Gauck im »Schwarzbuch des Kommunismus«; Piper München-Zürich 1999, S. 887

10 Leitkommentar des TAGESSPIEGEL vom 2.7.2012

11 Leitartikel des TAGESSPIEGEL vom 23.2.20123

12 Jana Hensel im Interview mit Hans-Jochen Tschiche »Der Anti-Gauck« in DER FREITAG vom 2.3.2012

13 Hans-Jochen Tschiche in der SÜDDEUTSCHEN ZEITUNG vom 27.2.2012

14 Peter-Michael Diestel in »Das Gauck-Lesebuch«, Eichborn-Verlag 1998, S. 61

15 Peter-Michael Diestel »Auf Wiedersehen, Herr Gauck« in DER FREITAG vom 28.4.2000

16 Dr. Jens Langer »Rückgetreten, nachgetreten« in Rostocker Stadtgespräche, Heft 60, S. 3/4

17 Zitiert in der FAZ vom 26.2.2012

18 Hans-Joachim Maaz »Die narzisstische Gesellschaft – Ein Psychogramm« – Verlag C.H. Beck, München 2012

19 Vgl. Martin Heidemanns/Nikolaus Harbusch »Affäre Wulff« Schwarzkopf & Schwarzkopf, 2012 – Hans-Jürgen Arlt, Wolfgang Storz Otto-Brenne-Stiftung OBS-Arbeitsheft 71 »BILD und Wulff – Ziemlich beste Arbeitspartner«

20 Prof. Dr. Hans Herbert von Arnim »Warum der Bundespräsident nicht zurücktreten kann« – Neue Zeitschrift für Verwaltungsrecht EXTRA 4/2012 S. 1–4

I. Der manipulierte »Präsident der Herzen«

Es wird kolportiert oder zumindest vermutet: »Am Montag – nach der Präsidentenwahl – dürfte vor allem der SPD-Chef Sigmar Gabriel aus dem Jubeln kaum heraus gekommen sein. Er hat nicht nur in der zweiten Runde seinen Mann durchgesetzt, sondern kann zudem zufrieden schwere Irritationen in der Regierungskoalition verzeichnen.«[1] Parteitaktisches Gekungele mit FDP und Grünen hatte die Kanzlerin dazu gezwungen, der Kandidatur Gaucks zuzustimmen.

Der Vorgang wird wie folgt beschrieben: »Zwischen der Nominierung von Joachim Gauck am 19. Februar 2012 und dem Rücktritt von Christian Wulff lagen nur 52 Stunden. SPD und Grüne

Sigmar Gabriel überreicht Gauck sein Porträt in der Trinitatiskirche zu Wolfenbütttel.
Foto Annemarie König

legen sich frühzeitig erneut auf Joachim Gauck als Kandidaten fest. Kanzlerin Merkel ist entschlossen, eine Kandidatur des ehemaligen DDR-Dissidenten durch die Union zu verhindern. Die Regierungsparteien CDU, CSU und FDP diskutieren nach Wulffs Rücktritt andere Namen. (Norbert Lammert, Wolfgang Huber, Andreas Voßkuhle, Klaus Töpfer)

Plötzlich der überraschende Vorstoß von FDP-Parteichef Philipp Rösler. Am 19. Februar um 15.44 Uhr verbreitet die DPA als Eilmeldung: ›FDP unterstützt Gauck.‹ Und das, obwohl die Kanzlerin zuvor ausdrücklich klargemacht hatte, dass Gauck nicht ihr Kandidat ist. ›Eins ist klar, Gauck wird's nicht‹, soll sie am Nachmittag in der Telefonschaltkonferenz mit dem CDU-Präsidium gesagt haben. Merkel erklärte in dieser Runde, sie würde Gauck schätzen. Sein einziges Thema, die Idee der Freiheit, aber reiche allein nicht aus für ein deutsches Staatsoberhaupt. Sie erinnerte an die Krise

Aus: Klaus Stuttmann »Politische Karikaturen 2012« – Seite 52

an den Finanzmärkten und Europa. Da brauche das Land einen Präsidenten, der den Menschen die Krise erklären könne.

Um 15.52 Uhr – nur acht Minuten später – die nächste Eilmeldung der DPA: ›Union lehnt Gauck als Präsidentenkandidat ab – Koalitionskrach‹. Der Kandidat – plötzlich wird er zur Zerreißprobe zwischen Union und FDP, die Koalition droht zu platzen. Vier Stunden vergehen, bis Angela Merkel in einer Telefonschalte des CDU-Präsidiums dem Kandidaten schließlich doch zustimmt.« [2]

Am 23. März 2012 wird der Kandidat durch Bundestagspräsident Lammert vereidigt: »Sehr verehrter Herr Bundespräsident, lieber Herr Dr. Gauck … Sie werden getragen von einer Woge der Sympathie. Es ist Ihnen und Ihrem Amt zu wünschen, dass dies so bleibt, nicht nur am Beginn einer fünfjährigen Amtszeit. Die Erwartungen, die an das Amt gestellt werden, sind hoch. Und die Hoffnungen, die sich auf Ihre Person richten, sind vielleicht noch größer. Wer ein Amt übernimmt, braucht das Vertrauen der Menschen, die er vertreten soll. Sie, lieber Herr Gauck, genießen dieses Vertrauen, und wir wünschen ihnen bei Ihrer Amtsführung alles Gute, vor allem eine glückliche Hand zum Wohle der Menschen in unserem Land.«

Der Herr Bundestagspräsident hatte noch am Tage vor der Vereidigung einen dringlichen Brief [3] erhalten, ob er ihn wirklich erhalten hat, oder ob er von irgendeinem Vorzimmer nicht weitergeleitet wurde, entzieht sich unserer Kenntnis. Im Brief wird der »Sehr verehrte Herr Professor Lammert« darauf hingewiesen, dass er einen Präsidentschaftskandidaten auf das Grundgesetz vereidigen wird, der eine nicht den Tatsachen entsprechende eidesstattliche Erklärung abgegeben hat. Zum Zeitpunkt des Briefes wussten wir noch nicht, dass es sich nicht nur um eine, sondern um drei derartige Erklärungen handelt. Herr Gauck wurde trotzdem durch Herrn Lammert vereidigt, gestützt auf das medial geschürte übergroße Vertrauen breiter Kreise der Bevölkerung und die voran gegangene Wahl des Präsidenten mit »nur« 111 Gegenstimmen.

Der Wahl des 11. Bundespräsidenten ging ein wohl in dieser Art einmaliges Medienspektakel voraus. Alle großen meinungsbildenden Medien überboten sich im Wettlauf um die Diskreditierung von Bundespräsident Wulff einschließlich Ehefrau in widerwärtigster Weise und gleichzeitiger hemmungsloser Lobhudelei des Kandidaten Gauck. Ständig neue, häufig manipulierte Meinungsumfragen, signalisierten eine überwältigende, geradezu euphorische Zustimmung zum neuen Kandidaten. »Das hohe Ansehen, das Joachim Gauck zugeschrieben wird, speist sich aus der Rolle der nach ihm benannten Behörde. Wie er das Amt des Bundesbeauftragten wahrgenommen habe, das mache ihn zu einer moralischen Autorität, so wird allgemein gesagt«, schreibt der Ex-Politiker und Publizist Albrecht Müller.[4] Wie viel »moralische Autorität« in dieser Tätigkeit steckte, werden wir im Folgenden noch nachweisen.[5]

Fotomontage von symbolischer Schlüsselübernahme Schloss Bellevue

Die Aussage Albrecht Müllers über die große Beliebtheit des Bundespräsidenten betrifft die angebliche oder wirkliche Meinung vieler Westdeutscher. Die Mehrheit der Menschen im Osten stimmte überhaupt nicht in den Chor der Begeisterung ein. Eine online-Umfrage des MDR wurde abgebrochen, nachdem 77 Prozent« auf die Frage »Ist Joachim Gauck der Richtige für das Amt des Bundespräsidenten?« mit »nein« geantwortet hatten.

Die SCHWERINER VOLKSZEITUNG schreibt: »In einer repräsentativen Abstimmung unserer Zeitung, an der sich 1091 Bürgerinnen und Bürger beteiligten, votierten nur 42,6 Prozent für den früheren Rostocker Pastor. 57,4 Prozent fühlten sich von ihm als Bundespräsident nicht richtig repräsentiert.«[6]

Herr Gauck hat für diese Ablehnung durch die Mehrheit der Ostdeutschen seine eigene »präsidiale« Antwort: »Kürzlich wurde der Bundespräsident gefragt, warum er im Westen beliebter ist als in Ostdeutschland. Statt um das Vertrauen aller Deutschen, auch der Ostdeutschen, zu werben, wie es dem Amt zukäme, antwortete er: ›Ich fühle mich geehrt, wenn mich die Anhänger der DDR-Diktatur ablehnen.‹«[7]

In einem Interview mit der SÄCHSISCHEN ZEITUNG wird er noch deutlicher.

Frage: »In Ostdeutschland sind Sie aber auch ein Mann der polarisiert. Mancher macht Sie für den Verlust der DDR-Heimat oder für die Diskriminierung der Ostdeutschen als ein Volk von Stasi-Spitzeln mit verantwortlich. Sind Ihnen solche Vorwürfe noch begegnet?«

Antwort Gauck: *»Ja, im PDS-Milieu.«*

Frage: Nur dort?

Antwort: *Ja. Zu meiner Freude konnte ich sehen, dass der übergroße Teil der ostdeutschen Bevölkerung auf meiner Seite stand. Die Zustimmung im Osten war sogar größer als im Westen.«* – meint Präsident

Gauck.[8] Offenkundig fehlt es dem Präsidenten nicht nur an realer politischer Urteilskraft, sondern auch an mathematischen Fähigkeiten. Wenn ihn nur das PDS-Milieu (seit 7.Juli 2007 allerdings nicht mehr PDS, sondern DIE LINKE) ablehnt, könnten das im Osten gemäß Wahlergebnissen maximal 25 Prozent sein? Wo kommen die ablehnenden Stimmen bis 77 Prozent her?

Worin liegt das Ost-West-Phänomen wirklich? Die Antwort ist ziemlich klar: Der Mehrheit der Ostdeutschen ist annähernd bekannt, mit wem sie es bei Joachim Gauck zu tun haben. Den Westdeutschen tritt ein weitgehend unbekanntes, durch die Massenmedien verklärtes Wesen gegenüber. Die Lobhudeleien bestimmter Medien sind penetrant und widerwärtig.

Die gottesgleiche Anbetung wurde auch maßgeblich dadurch geschürt, dass Joachim Gauck geradezu mit Ehrungen und Preisen überschüttet wurde, für die er in keiner Weise prädestiniert war. Drei Ehrendoktorwürden für den »schwächsten Theologiestudenten seit 30 Jahren«[9], ungezählte Literaturpreise für ein Buch, das er selbst nicht geschrieben hat[10], Ehrungen für die Gauck-Behörde in völliger Verdrehung ihrer Zweckbestimmung und Funktionsweise[11] – immer medienwirksam vermarktet – haben natürlich die Wahrnehmung vieler Bürger geprägt.

Ehrungen des Joachim Gauck

1991	Theodor-Heuss-Medaille
1995	Verdienstkreuz 1.Klasse des Verdienstordens der Bundesrepublik Deutschland
1996	Hermann-Ehlers-Preis
1997	Hannah-Arendt-Preis für politisches Denken
1999	Ehrendoktor der Universität Rostock
2000	Ungarische Imre-Nagy-Gedenkplakette
2000	Dolf-Sternberger-Preis
2001	Erich-Kästner-Preis

Offenkundig wollen jedoch die Bürgerinnen und Bürger mehr über dieses unbekannte Wesen erfahren. Wie ist sonst der Ansturm auf die »Bestseller-Produkte« von und über ihn zu verstehen?[12] In diesen wird ein Verklärungsprozess großen Ausmaßes betrieben. In der Biografie des westdeutschen Journalisten Norbert Robers – geschrieben im Stil fürstlicher Hofberichterstattung – kann man lesen: »Am 4. November 1989 gründete sich auch in Rostock offiziell ein Bürgerkomitee ... Der nun 49-jährige Gauck war innerhalb der Opposition in eine führende Rolle gelangt.«[13] Bürgerrechtler der DDR und Bürger aus Gaucks Heimat sehen das ganz anders. Gauck gehörte nie der Bürgerrechtsbewegung an, meinen sie.

Der frühere Bürgerrechtler Pfarrer Hans-Joachim Tschiche meint: »Die deutsche Öffentlichkeit tut so, als hätte sie nach einigen Nieten nun (mit Gauck als Bundespräsidenten) das große Los gezogen. Sie behängen ihn mit Würdigungen, die er nicht verdient. Er ließ sich in München bei einer Preisverleihung mit den Geschwistern Scholl vergleichen und wurde noch nicht einmal schamrot. Er hat niemals zur DDR-Opposition gehört, deren Akteure man im heutigen Sprachgebrauch Bürgerrechtler nennt. Er verließ erst Ende 1989 die schützenden Mauern der Kirche und kam über das Neue Forum in die Volkskammer. Aus dem Blätterwald tönt es nun: Der Bürgerrechtler Gauck. Und er reist ohne Skrupel auf diesem Ticket durch die politische Landschaft. Er ist kein Vater der protestantischen Revolution, sondern er gehört zu denen, die sie beendet haben. Endlich ist Gauck dort angekommen, wo er schon immer hin wollte – im konservativen Teil der westlichen Gesellschaft … Laut und deutlich will ich aussprechen: Gauck ist die falsche Person. Wir haben es mit einem tönenden Erz und einer klingenden Schelle zu tun. Ich habe mich bisher gescheut, Joachim Gauck zu widersprechen. Nun will ich aber nicht mehr schweigen.«[14]

Bürger aus Mecklenburg-Vorpommern äußern sich empört.[15] »Nicht zu glauben, dass einer zum Staatsoberhaupt gekürt werden soll, der 89/90 in seiner Kirche gesessen und abgewartet hat, bis der ›Krieg‹ entschieden war und dann aus seinem Loch kroch und verkündete: Seht her, ich bin euer Befreier vom Sozialismus, ein wahrer Freiheitskämpfer, ein Held. – Wer es glaubt, wird selig.« – schreibt Käte H. aus Graal-Müritz. »Ich war selber Teilnehmer an der Wende 1989. Ich kann mich nicht erinnern, den Namen Gauck damals irgendwo gehört zu haben. Ist Herr Gauck vielleicht, die Gunst der Stunde nutzend, im rechten Moment aus seiner Deckung gekommen? Vielleicht in dem Moment, als die größte Gefahr vorbei war? … P.S. Ich entschuldige mich hier an dieser Stelle für mein Eintreten 1989 für die ›Wende‹. So war das damals nicht gewollt und beabsichtigt. Das war ein Fehler.« – Leserbrief von Peter S. aus Ribnitz-Damgarten

Weiter aus der Hofberichterstattung: »In diesen Zeiten des Zweifels am Parteiangebot nehmen viele Menschen Gauck als einen klugen und vertrauensvollen Politprofi wahr, der sich das Anderssein, die Unabhängigkeit und die Gedankenfreiheit bewahrt hat. Er ist ein politischer Anti-Politiker, ein immer Unangepasster, der erdverbunden geblieben ist und der sich den Mund nicht verbieten lässt. Das passt zum Wunsch eines großen Teils der Bevölkerung nach einem unparteilichen geistigen Wortführer … Der andere Grund für seine Attraktivität als Bundespräsident liegt in seiner Persönlichkeit begründet. Seine Mehrdimensionalität strahlt aus und zieht an.« [16]

Der Hofberichterstatter erstarrt in Ehrfurcht. »Die Verehrung scheint keine Grenzen zu kennen. Im Juli 2011 wird er sogar nach Salzburg gerufen, zur Eröffnung der Festspiele.«[17] Dieser Ruf hat allerdings eine Vorgeschichte. Der UNO-Beauftragte und engagierte Kämpfer gegen Armut und Hunger auf der Welt Jean Ziegler, der als Eröffnungsredner vorgesehen war, wurde nämlich ausgeladen. Jean Ziegler wollte dem erlauchten Publikum ins Gewissen reden. Seine nicht gehaltene Rede beginnt so: »Sehr verehrte Damen und Herren, alle fünf Sekunden verhungert ein Kind unter zehn Jahren. 37.000 Menschen verhungern jeden Tag und fast eine Milliarde sind permanent schwerstens unterernährt.« Und weiter: »Ein Kind, das an Hunger stirbt, wird ermordet … Das Geld fehlt … Warum? Weil die reichen Geberländer – insbesondere die EU-Staaten, die USA, Kanada und Australien – viele tausend Milliarden Euro und Dollar ihren einheimischen Bank-Halunken bezahlen mussten … Viele der Schönen und der Reichen, der Großbankiers und der Konzern-Mogule dieser Welt kommen in Salzburg zusammen. Sie sind die Verursacher und die Herren dieser kannibalischen Weltordnung … Wunder könnten in Salzburg geschehen. Das Erwachen der Herren der Welt. Der Aufstand des Gewissens! Aber keine Angst, dieses Wunder wird in Salzburg nicht geschehen! Ich erwache. Mein Traum könnte wirklichkeitsfremder nicht sein! Kapital ist immer und überall und zu allen Zeiten stärker als Kunst.«[18]

Man stelle sich vor. Die lackierten und geputzten Damen und die Herren im Frack und eine solche Rede vor Mozart! Die Gefahr wurde von der Festspielleitung schnell erkannt. Der mutige Mann wurde ausgeladen. Die Ehre erhielt Herr Pastor Gauck. Und dieser salbte dann pflegeleicht: »*Und dann gibt es Salzburg! Und diese Festspiele! Hier gibt es Menschen, die Fantasie, Energie und Geld aufbringen, um ins Bewusstsein zu bringen, was uns auf die Spur des Überlebens zurück ruft. Wir haben verschiedene Namen für diesen Vorgang, wenn Menschen das Grau ihrer Niederungen verlassen, sich neue Sichtweiten zumuten, neue Haltungen zu eigen machen, neu daran glauben, wichtig und wertvoll zu sein.«*

Ironie des Schicksals. Auch Gaucks Vorgänger, Christian Wulff, sang noch im November 2010 das hohe Lied auf Herrn Gauck. »Am 18. November 2010 hatte Wulff eine Rede für Joachim Gauck gehalten, als dieser in der Hauptstadt vom Verband Deutscher Zeitschriftenverleger den Medienpreis ›Ehrenvictoria‹ für sein Lebenswerk erhielt ... Wulff beendete seine Rede mit den Worten: »Es ist eines nach Werten zu rufen – und es ist ein anderes, Werte tatsächlich zu leben. Sie, lieber Herr Gauck, haben gehandelt und die Folgen zu spüren bekommen. Man hat Sie bedroht. Man hat versucht, Sie zu bestechen und zu verführen. Lieber, verehrter Herr Gauck, die Menschen in unserem Land begegnen Ihnen mit großer Achtung! Und das nicht nur, weil Sie überzeugend reden! Es ist etwas anderes: Wir alle spüren, dass hinter Ihrer treffenden Rede ein mutig gelebtes Leben steckt, das Ihre Worte beglaubigt.«[19]

Den Höhepunkt der gottgleichen Verehrung ergab eine Umfrage des Goetheinstituts. »Zwei Monate lang befragte das Goetheinstitut unsere europäischen Nachbarn nach ihrem ganz persönlichen Blick auf Deutschland. Was ihnen gefällt und was nicht, haben in einer repräsentativen Online-Umfrage rund 13.000 Personen aus 18 Ländern beantwortet. Die Studie trägt auch interessante Einzelnennungen zusammen. Ein Belgier hält Joachim Gauck für den größten Deutschen.«[20]

Gegen derartig geballte Verklärung, unterstützt und weiter getragen von den Markt beherrschenden Medien, haben es begründete Gegenstimmen schwierig. Das Internet ist voll von Gauck-Kritik, aber Gauck benutzt kein Internet, wie er freimütig in einem Interview mit »Der Zeit« bekundet. Kritische Publikationen besetzen bisher lediglich Nischenplätze im Verkaufsboom der Sachbücher.[21] Gauck ist kaum beizukommen mit Polemik gegen seine politischen Auffassungen. Die sind nicht nur toleriert, sondern von der herrschenden Clique gewollt und unterstützt. Gauck ist beizukommen mit einer schonungslosen, auf Beweise gestützten Offenlegung seiner Verfehlungen im Gestrüpp von Unwahrheit, Halbwahrheit, Verschleierung und Heuchelei.

Albrecht Müller meint: »Gauck ist eine Provokation für jene, die sich zugunsten der Verständigung zwischen Ost und West engagiert haben, übrigens auch zugunsten des DDR-Bürgers Gauck: Willy Brandt, Egon Bahr, Herbert Wehner, Helmut Schmidt, Richard von Weizsäcker, Walter Scheel, Günter Gaus, Günter Grass und viele mehr ... Es hätte eine Persönlichkeit sein müssen, die eine klare Haltung etwa zur Auseinanderentwicklung zwischen Arm und Reich, zur Entwicklung in Europa, zur Chancengleichheit oder zu Krieg und Frieden bezieht und in solchen Grundfragen Orientierung geben könnte. Diese Persönlichkeit ist Joachim Gauck gewiss nicht.«[22]

»Mit Abscheu und Empörung habe ich zur Kenntnis genommen, dass sich CDU/CSU, FDP, SPD und Grüne auf Gauck als Präsident geeinigt ... haben. Was Wulff gemacht hat, macht jeder, der in der entsprechenden Machtposition ist, dafür gab es in der Geschichte genügend Beispiele. Aber was Gauck in seiner Amtszeit als Stasi-Unterlagen-Beauftragter für Unheil über Tausende DDR-Bürger gebracht hat, scheint ihn als ›Präsident der Herzen‹ zu prädestinieren. Wenn ich könnte, würde ich auswandern.«[23]

Der Hofberichterstatter meint jedoch auf die Frage des WDR: »Nach der Wulff-Affäre erwarten die Deutschen im Schloss Bellevue eine moralisch unangreifbare Instanz. Kann Gauck diese Erwartungen erfüllen?« Antwort: »Er kann sie und er hat Respekt vor ihnen. Spätestens seit der Wulff-Affäre weiß er, wie hoch die Anforderungen an dieses Amt sind. Aber ich habe ihn so kennen gelernt, dass er nichts zu verbergen hat. Weder früher, noch in der jüngeren Vergangenheit.«[24] Unser Buch beweist das Gegenteil. Bereits seine Biografie lässt aufhorchen.

Anmerkungen

1 ND vom 21.2.2012

2 Martin Heidemanns/ Nikolaus Harbusch »Affäre Wulff«, Schwarzkopf & Schwarzkopf 2013, Seiten 279/80

3 Siehe Anlage 1. Auch den Vorsitzenden der Parteien und mehreren Wahlmännern und -frauen wurden entsprechende Briefe übermittelt.

4 Albrecht Müller Nachdenkseiten vom 18.6. 2012

5 Siehe Abschnitt »Joachim Gauck – der Täter«

6 SCHWERINER VOLKSZEITUNG, 8.3.2012

7 Aus STERN-Interview vom 24.10.2012

8 SÄCHSISCHE ZEITUNG 10.7.2010

9 Siehe Abschnitt »Pfarrer Gauck und die Christenheit«

10 Siehe Abschnitt »Der gierige Gauck«

11 Siehe Abschnitt »Joachim Gauck – der Täter«

12 Vgl. Joachim Gauck »Freiheit – Ein Plädoyer« – Kösel-Verlag München 2012 / Joachim Gauck »Winter im Sommer – Frühling im Herbst – Erinnerungen« Siedler-Verlag München 2009 / Norbert Roberts »Joachim Gauck – vom Pastor zum Präsidenten – Die Biografie« Koehler und Amelang 2012

13 Norbert Robers »Joachim Gauck – vom Pastor zum Präsidenten« Koehler & Amelang 2012, S. 48 und 71

14 Hans-Joachim Tschiche »Gauck ist die falsche Person« – DER FREITAG 22.2.2012

15 Wir zitieren aus Leserbriefen an die NORDDEUTSCHEN NEUESTEN NACHRICHTEN und die OSTSEEZEITUNG

16 Norbert Robers a.a.O. S. 202/204

17 Norbert Robers a.a.O. S. 205

18 Jean Ziegler »Nicht gehaltene Rede zur Eröffnung der Salzburger Festspiele« – SÜDDEUTSCHE.DE vom 24.7.2011

19 Heidemanns/Harbusch a.a.O. S. 282

20 DIE WELT vom 30.5.2011

21 Albrecht Müller »Der falsche Präsident« – Westend-Verlag Frankfurt/ Main 2012 – Klaus Huhn »Die Gauck-Behörde« Spotless-Verlag 2012

22 Albrecht Müller FR 14.3.2012

23 Jörg Liebig, Berlin, ND vom 21.2.2012

24 Norbert Robers »Der Mann der richtigen Worte« – Interview im WDR- www1.wdr.de/themen/politik/gauck130.html

II. Kurzbiografie Joachim Gauck

24. Januar 1940 Joachim Gauck wird als Sohn des Kapitäns der Handelsmarine und Oberleutnants zur See d.R. und einer Bürofachangestellten in Rostock geboren. Beide Eltern waren Gefolgsleute des Faschismus und frühzeitige Mitglieder der NSDAP (Mutter Olga 1932, Vater Joachim 1934)

Sommer 1946 Rückkehr des Vaters aus britischer Gefangenschaft.

1951 Verurteilung des Vaters durch ein sowjetisches Militärgericht wegen Spionage und konterrevolutionärer Tätigkeit für ausländische Mächte zu zweimal 25 Jahren Haft in Sibirien. Rückkehr 1955 gemäß Beschluss des Obersten Sowjets zur Repatriierung noch in Haft befindlicher deutscher Kriegsverbrecher.

Seit 1951 starker Einfluss und Erziehung durch Onkel Gerhard Schmitt, ehemaliger hauptamtlicher SA-Führer, seit 1945 oppositioneller Pfarrer in Sanitz (Mecklenburg) später Generalsuperintendent von Ost-Berlin. Onkel Schmitt traut Joachim Gauck im Jahre 1959 mit seiner Schulfreundin Gerhild (»Hansi«) gegen den Willen des Vaters.

1958 Abitur In Rostock, **1965** Abschluss des Theologiestudiums an der Universität Rostock mit 2-jähriger Verspätung.

1965 Vikar bei der Evangelisch-Lutherischen Landeskirche Mecklenburg, später Pastor in Lüssow/Kreis Güstrow.

1970 Pastor in Rostock-Evershagen, Kreis-und Stadtjugendpfarrer Rostock. Republikfeindliche Predigten.

1986 Kontaktwunsch mit der Staatssicherheit, **1987** Ausreise seiner Söhne mit Familie in die BRD, **1988** Grundsatzgespräch mit Hauptmann des MfS Terpe mit Anbiederung an die DDR und deren Sicherheitsorgane. Einräumung von Privilegien hinsichtlich der besuchsweisen Wiedereinreise seiner Kinder und Westimport eines Autos.

1982 bis 1990 Leiter der Kirchentagsarbeit in Mecklenburg im Interesse von Staat und Kirche.

1989 engagiert sich in »letzter Stunde« in der Bürgerrechtsbewegung.

1990 Gauck wird in die Volkskammer gewählt. Es gelingt ihm **1991**, sich als »Sonderbeauftragter für die Stasi-Akten« berufen zu lassen. Er benutzt sie, um ungezählte Bürgerinnen und Bürger auf Grund von wirklichen oder vermeintlichen Stasi-Kontakten sozial auszugrenzen, zu diffamieren und juristisch zu belangen.

1991 trennt sich Gauck von seiner Ehefrau, bleibt mit ihr jedoch bis heute verheiratet. Er geht offiziell eine neue Beziehung mit der Journalistin Daniela Schadt ein.

1995 wird Gauck mit dem Bundesverdienstkreuz Erster Klasse ausgezeichnet. Er ist Ehrendoktor der Universitäten Rostock, Jena und Augsburg.

1998 schreibt er ein Nachwort zum Schwarzbuch des Kommunismus, in welchem er auch revanchistische Positionen gegenüber Polen vertritt.

2000 beendet Gauck seine Funktion als »Stasi«-Beauftragter und reist als gut bezahlter Redner durch die Lande und die Welt. Hauptinhalt: Verleumdung der DDR und private Storys aus seinem Leben in der »DDR-Diktatur.« Gauck erhält zahlreiche Literaturpreise und ist als Laudator gefragt.

2010 gehört er zu den »Erstunterzeichnern« der Prager Erklärung, in welcher Faschismus und Sozialismus als gleichartige Diktaturen angeprangert werden und wie Naziverbrechen nach den Nürnberger Gesetzen zu verurteilen sind. Er hält zu diesem und ähnlichen Themen Vorträge in unterschiedlichen Gremien und veröffentlicht Publikationen.

2010 unterliegt er beim ersten Versuch, Bundespräsident zu werden im dritten Wahlgang gegen Christian Wulff.

Am **23. März 2012** wird Gauck zum Bundespräsidenten vereidigt. Seine präsidialen Reden sind geprägt von seinem tief verankerten Hass auf den Sozialismus einerseits und einem abstrakten Freiheitsideal andererseits. Zu den die Mehrheit der Menschen bedrängenden aktuellen und zukunftsweisenden Fragen schweigt er.

III. Gauck und die Staatssicherheit
»Ich habe zu keinem Zeitpunkt mit dem Ministerium
für Staatssicherheit zusammengearbeitet«

Ein Gauck-Interview im ZDF und seine Folgen

Unter der Moderation von Bodo H. Hauser sendet das ZDF am 17. April 1991 eine kritische Dokumentation über das Wirken von Joachim Gauck als Beauftragter für die Stasi-Unterlagen. Es wirbelt in der politischen Medienlandschaft ziemlich viel Staub auf. DER SPIEGEL und KENNZEICHEN D werfen nach der Sendung die

»Studio 1« des ZDF

Frage auf, ob Gauck als Leiter der Behörde nach diesen Enthüllungen noch tragbar ist. Diese Frage wurde jedoch vor Ausstrahlung der Sendung geklärt. Der damalige Dienstvorgesetzte von Joachim Gauck war Innenminister Wolfgang Schäuble. Er sprach sich eindeutig für Gauck aus und unterband jedwede Diskussion über die Eignung des Behördenchefs. Gleichwohl hatte Gauck beim Drehen des Interviews Wirkung gezeigt. Es musste zweimal abgedreht werden. Die erste Fassung war nicht sendefähig, sie musste gelöscht werden. Gauck hatte die Beherrschung verloren und auf dem Höhepunkt seiner Emotionen dem Interview-Reporter angedroht: »*Für Ihre Fragestellungen möchte ich Ihnen am liebsten eine knallen.*« Auch die gesendete Fassung zeigt einen sichtlich genervten Behördenchef Gauck, dem es offenkundig unter seiner Würde ist, die Reporterfragen überhaupt zu beantworten. Gaucks große Vorliebe für die Freiheit erblasste spürbar, als sich Medien die Freiheit herausnahmen, einige unbequeme Fragen zu seinem persönlichen Wirken zu stellen. Im Folgenden dokumentieren wir wesentliche Auszüge aus der gesendeten Fassung des Interviews.

ZDF-Studio 1 vom 17. April 1991 – Originalton Auszüge
Einführung Bodo H. Hauser: »Der ehemalige Rostocker Pfarrer Joachim Gauck ist der Sonderbeauftragte der Bundesregierung für die Stasiakten. Herr über 200 km schriftlich festgehaltener Schicksale mit hochbrisantem Inhalt. Die Grenzen zwischen Täter- und Opferakten scheinen manchmal fließend, und offenbar wurde auch mancher als inoffizieller Mitarbeiter, kurz IM genannt, geführt, der davon keine Kenntnis hatte. Gerade wegen dieser schwierigen Aktenlage muss eine besondere Sensibilität von dem Sonderbeauftragten Gauck und seiner Behörde erwartet werden. Wochenlange Recherchen von STUDIO 1 lassen da deutliche Zweifel aufkommen. Ein Bericht von Hariolf Reitmaier.«

Eingangserklärung von Joachim Gauck: »*Ich bin nie IM gewesen. Es gab nie eine Versuchung, dies zu werden. Ich bin dreimal überprüft worden, bevor ich hierhin kam, ich bin jetzt ein viertes Mal überprüft worden. Es gibt löblicherweise bei mir eine umfangreiche Opferakte, die da ist und die ganz klar erkennen lässt, was ich war.*«

Frage H. Reitmaier: »Herr Gauck, hatten Sie nach dem Herbst 1988 noch weitere Kontakte mit dem Ministerium für Staatssicherheit?«

Antwort J. Gauck: »*Nein, das ist nicht der Fall. Ich hatte in meinem ganzen Leben nur zwei Kontakte. Einmal im Zusammenhang mit der Anwerbung Jugendlicher zu Spitzeln, und dies eben besprochene (mit Hptm. Terpe. d. A.) war der 2. Kontakt. Und das waren meine persönlichen Begegnungen, die mit meinem Wissen stattfanden.*«

Gauck in der Sendung

Kommentar: Aus Gaucks Akte, die unter dem Decknamen »Larve« geführt wurde, geht hervor, dass der ursprünglich als antisozialistisch feindlich eingestufte und deshalb auch jahrelang bespitzelte Pfarrer aber 1988 zu der Auffassung kam, die Stasi würde, so wörtlich »zur Entwicklung der sozialistischen Gesellschaft einen echten positiven Beitrag einbringen«. So zitierte ihn ein Stasi-Hauptmann. Ob es vor diesem Hintergrund 1989 doch noch weitere Kontakte zwischen der Stasi und Gauck gegeben hat, ist Gegenstand von Spekulationen und Verdächtigungen.

Kommentar: Hier lagert bis heute das Rostocker Stasi-Archiv, für das auch im August 1990 eine Benutzerordnung galt, die es Täter wie Opfer streng verbot, selbst Einsicht in die eigene Akte zu nehmen. Hier erschien Gauck, damals als Stasi-Ausschuss-Vorsitzender der Volkskammer, wie eine Aktennotiz belegt.

Aktenvermerk über Akteneinsicht durch Herrn Gauck am 2. und 3. August 1990

Am 2. August 1990 wurde von Herrn Gauck, im Beisein von Herrn...,[1] Herrn... und Frau... Einsicht in den Karteibereich des Archives genommen. Nachdem Herr Gauck an Hand der Karteien die Archiv-Nr. seiner Unterlagen feststellte, wurde von ihm die Bereitstellung seiner Unterlagen verlangt. Diese wurden ihm zur Prüfung vorgelegt. Bei der Durchsicht seiner Akten war keine weitere Person zugegen. Am 3. August 1990 erschien Herr Gauck noch einmal alleine und verlangte erneut Akteneinsicht. Dieses wurde ihm abermals ohne Beisein eines Mitarbeiters gewährt. Einsicht wurde in drei Aktenbände genommen. Ein Band war zur Zeit der Einsichtnahme registriert und verplombt, zwei Aktenbände waren ohne Nummerierung und Plomben.

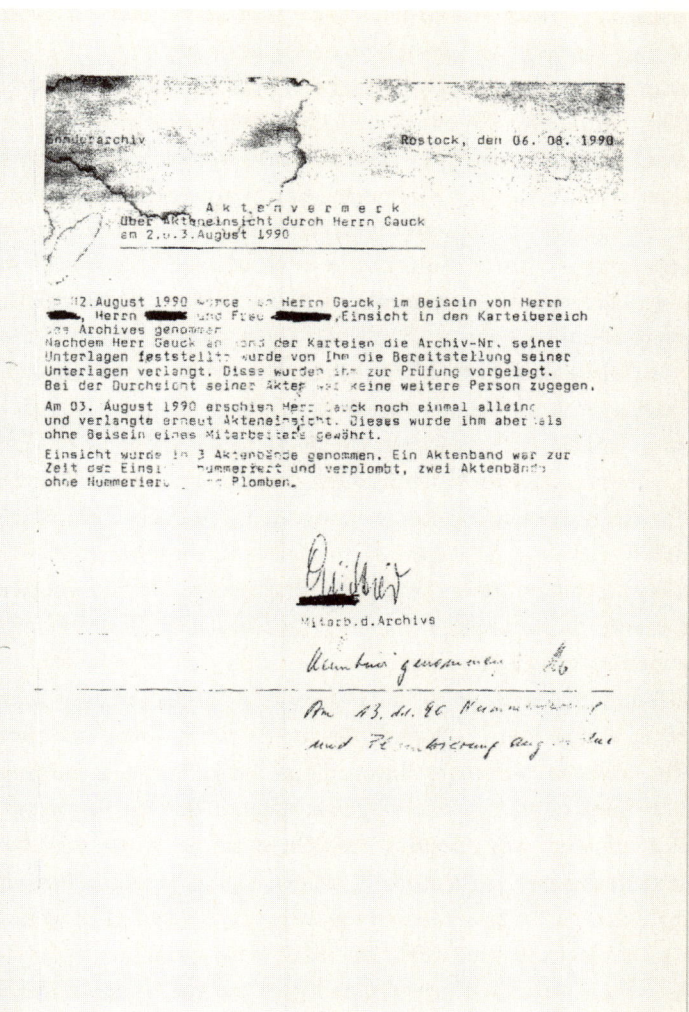

Stasiarchiv   Rostock, den 06. 08. 1990

                    A k t e n v e r m e r k
              Über Akteneinsicht durch Herrn Gauck
              am 2.u.3.August 1990

Am 02.August 1990 wurde den Herrn Gauck, im Beisein von Herrn
███████, Herrn ████ und Frau ████████, Einsicht in den Karteibereich
des Archives genommen.
Nachdem Herr Gauck anhand der Karteien die Archiv-Nr. seiner
Unterlagen feststellte wurde von Ihm die Bereitstellung seiner
Unterlagen verlangt. Diese wurden ihm zur Prüfung vorgelegt.
Bei der Durchsicht seiner Akten war keine weitere Person zugegen.

Am 03. August 1990 erschien Herr Gauck noch einmal alleine
und verlangte erneut Akteneinsicht. Dieses wurde ihm aber als
ohne Beisein eines Mitarbeiters gewährt.

Einsicht wurde in 3 Aktenbände genommen. Ein Aktenband war zur
Zeit der Einsicht nummeriert und verplombt, zwei Aktenbände
ohne Nummerierung und Plomben.

                         (Unterschrift)
                    Mitarb.d.Archivs

                    (handschriftlich) Akteneinsicht genommen ██

                    Am 03. 11. 90 Nummerierung
                    und Plombierung ausgeführt

Aktenvermerk zur Akteneinsicht von Gauck in die Stasi-Akte »Larve«

Aussage von Ralf Merkel (ehem. Vize-Chef des Staatl. Stasi-Auflösungskomites) zur Akteneinsicht von Gauck

»Am 2. August 1990 erschien Herr Gauck im Bezirksarchiv Rostock. Nachdem Herr Gauck anhand der Karteien die Archivnummer seiner Unterlagen feststellte, wurde von ihm die Bereitstellung seiner Unterlagen verlangt. Diese wurden ihm zur Prüfung vorgelegt. Bei der Durchsicht seiner Akten war keine weitere Person zugegen. Am 3. August 1990 erschien Herr Gauck noch einmal alleine und verlangte erneut Akteneinsicht. Diese wurde ihm abermals ohne Beisein eines Mitarbeiters gewährt. Nach mündlichen Mitteilungen, die mir zugegangen sind, hat sich Herr Gauck jeweils mehrere Stunden mit seiner Akte ganz alleine im Archiv aufgehalten. Ich möchte daran keine Beschuldigung knüpfen, dass Herr Gauck aus seinen Unterlagen etwa etwas entfernt haben könnte, aber auszuschließen ist es natürlich auch nicht. Er war damit alleine, er ist hinterher nicht untersucht worden, zwei der Akten waren weder nummeriert noch plombiert. Ich meine, dass diese Verhaltensweise für den Leiter dieser Behörde wohl nicht angemessen gewesen ist.«

Frage H. Reitmaier: »Angenommen, ein hochrangiger Vertreter des Stasi-Untersuchungsausschusses der Volkskammer hätte mehrere Stunden lang unkontrollierten Zugang zu seiner eigenen Akte gehabt. Wie würden Sie einen solchen Vorgang bewerten?«

Dankwart Brinksmeier (ehem. Vorsitzender Innenausschuss Volkskammer): »In jedem Falle als illegal, als geschmacklos und als sich dem Verdacht aussetzend, dass er was vertuschen will.«

Kommentar: Die Gauck-Akte liegt inzwischen hier in Ost-Berlin in der Gauck-Behörde, dessen Chef einräumt, unkontrollierten Zugang zu seiner Akte gehabt zu haben.

J. Gauck: »Und ich hatte damals als Ausschuss-Vorsitzender das Recht, jede Akte der Staatssicherheit zu sehen. Ich musste sogar mir Kenntnis aneignen über Staatssicherheitsakten, ich hatte vorher noch keine gesehen.

Und da bin ich über meine gegangen. Und habe neben meiner eine Reihe weiterer, so wie ich in Erinnerung habe, acht weitere gesehen. Dies können Sie jederzeit auch heute in Rostock in Erfahrung bringen.«

Frage H. Reitmaier: »Wir haben in Rostock in Erfahrung gebracht, dass Sie vor allem die Akten von inoffiziellen Mitarbeitern, die in ihrer Umgebung waren, eingesehen haben. Also die in Verbindung standen zu Ihrer Akte.«

Antwort J. Gauck: *»Das ist auch passiert. Man muss, wenn man in die Sache eindringen will, über die Person gehen. Das ist ein generelles Merkmal bei den Staatssicherheitsakten. Ich habe damals den Begriff »kirchenleitende IM« abarbeiten wollen, erkennen wollen. Und es ist mir gelungen. Ich habe in Rostock an diesem Tag gefunden, was ich vorher nicht wusste. Das man IM werden konnte, ohne eigene Verpflichtung und auch ohne es selbst zu wissen.«*

Weiter J. Gauck: *»Wir arbeiten (in der Gauck-Behörde, d. A.) nur mit solchen MfS, ehemaligen MfS-Mitarbeitern zusammen, die über viele Monate bewiesen haben, dass sie Vertrauen verdienen und die loyal sind. In welcher Weise die Mitarbeiter früher ihrem Arbeitgeber gedient haben, ist dabei weniger wichtig. Wichtig ist, dass sie gegenüber dem Rechtsstaat deutlich Loyalität erkennen lassen … Ich höre von Ihnen, dass es undichte Stellen gibt in meiner Behörde. Ich stelle das in Abrede. Wenn ich das wüsste, würde ich sofort einschreiten und das unterbinden. Im Übrigen ist mir bekannt, dass natürlich auch andere Bundesbehörden ständig das Problem haben, dass Informationen abfließen und da bitte ich schon um eine faire, aus dem Vergleich gewachsene Beurteilung unserer Behörde.«*

Bodo H. Hauser resümiert nach dieser Dokumentation: »Nach diesem Bericht bleibt festzuhalten: Joachim Gauck hat durch sein Verhalten selbst dazu beigetragen, dass man auch seine Vergangenheit aufarbeitet. Es bleibt weiter festzuhalten:

1. Joachim Gauck hat über mehrere Stunden unkontrolliert seine eigene Akte eingesehen. Trotz seiner, schon vor dieser Sen-

dung heute abgegebenen Erklärungen beantwortet er nicht die Frage, warum er alleine und unkontrolliert Einsicht nahm.

2. Bemerkenswert ist seine Aussage, dass ein Kirchenmann auch inoffizieller Mitarbeiter, also IM der Stasi sein konnte, ohne dass er eine Verpflichtungserklärung unterschrieben hat und ohne davon selbst zu wissen. Genau dies hat Lothar de Maizière zu seiner Entlastung angeführt, dennoch musste er zunächst von seinen Ämtern zurücktreten.

3. Joachim Gauck beschäftigte in seiner Behörde an sensiblen Stellen hochrangige ehemalige Stasi-Offiziere, während z. B. im öffentlichen Dienst oft der Verdacht ausreicht, allein inoffizieller Spitzel der Stasi gewesen zu sein, ihn nicht einzustellen. Dies und der offensichtlich haarsträubende Umgang in der Gauck-Behörde mit den Akten müssten den zuständigen Bundesinnenminister veranlassen, diese Vorgänge zu überprüfen und notfalls Konsequenzen zu ziehen.«

Wenige Tage nach der Sendung greift DER SPIEGEL das Thema auf. Zum Interview schreibt DER SPIEGEL: »Der Stasi-Kontrolleur und seine Bundesoberbehörde sehen sich schweren Vorwürfen ausgesetzt: das Amt verhökere Unterlagen, arbeite schlampig – und nicht nur das. ›Verdächtigungen in Schriftform‹ (Gauck) machen die Runde. Papiere und Zeugenaussagen, deren Wert sich schwer erkennen lässt, werden zu ›Anfragen‹ zusammengefasst: Ist der Pastor erpressbar gewesen? Hat er daran mitgewirkt – und wenn ja, um welchen Preis, dass 1987 zwei seiner Söhne in den Westen ausreisen durften? Was seit Wochen blubbert und schwelt, erfährt am Mittwoch voriger Woche im ZDF ein Millionenpublikum. Der Leiter von STUDIO 1, Bodo H. Hauser, meldet ›schwere Zweifel‹ an, dass der ›Herr der Stasi-Akten‹ integer genug ist. Als Kernstück eines Potpourris … wirft der Magazinmacher dem Behördenchef vor, seine persönlichen Unterlagen im Rostocker Stasi-Bezirksarchiv stundenlang allein eingesehen zu haben ... Der Angeklagte bemüht sich um Gelassenheit ... Als die ersten Gerüchte kursierten, hat der Pfarrer, dem scharfe Replik nicht fremd ist, mit triefendem Sarkasmus reagiert. Doch die Phase der Belustigung scheint nun vorbei zu sein. Das ZDF-Interview im Hause des Sonderbeauftragten ist zweimal abgedreht worden. In der ersten Fassung entlädt sich Gaucks Wut über ›die Zumutung‹, sich mit solchem Müll überhaupt beschäftigen zu müssen.

Schöne und authentische Bilder hat das Fernsehen da im Kasten, die von einem in der Tiefe verletzten Menschen zeugen. (Diese schönen Bilder mussten aber in Anwesenheit von Gauck aus dem Kasten gelöscht werden. d.A.) Aber dann dämmert es dem Pastor ... Er setzt sich noch einmal vor die Kamera. Nein, sagt Gauck jetzt gefasst, er habe sich nichts vorzuwerfen – ›es gab nie eine Versuchung ... Meine Akte war eine Opferakte‹. Seine Söhne, teilt er an anderer Stelle mit, hätten für ihre Ausreise viereinhalb Jahre selbst gekämpft. So hängt ihm denn nun vor allem die Dummheit an, die Dokumente letzten Sommer ohne Begleitung geprüft zu haben. Sich dafür zu rechtfertigen, fällt ihm sichtlich schwer.«[2]

Der ehemalige Leiter der Bezirksbehörde Rostock des MfS schreibt zu diesem Vorgang: »Gauck versuchte die Öffentlichkeit bezüglich der Umstände seines Aktenstudiums zu täuschen. Er behauptete anfangs, er hätte in Gegenwart ›vieler Leute‹ nur wenige Minuten seine Akte eingesehen, bis ihm nachgewiesen wurde, dass er sich im Archiv mehrere Stunden allein aufhielt. Nachdem er der Lüge überführt wurde, erklärte er, dass er diese Art Akteneinsicht ›nicht ungewöhnlich‹ fand ... Gehen wir von dieser Sachlage aus, so muss Gauck lange Zeit in der Angst gelebt haben, dass Unbefugte Zugriff zu den Unterlagen erhalten, die die ihm vom MfS gewährten Vergünstigungen beweisen.«[3]

Gauck mit eigenen (Stasi)-Waffen schlagen

Wer sich für bedeutend hält, schreibt Memoiren. Die Öffentlichkeit und die Nachwelt sollen teilhaben am Werden, Wirken und Denken des bedeutenden Menschen. Herr Gauck ist ein sehr bedeutender Mensch, deshalb sind – etwas versteckt hinter dem sinnigen Titel »Winter im Sommer – Frühling im Herbst – Erinnerungen« im Jahre 2011 seine Lebensweisheiten erschienen, niedergeschrieben von Helga Hirsch. Gauck lässt darin authentisch seine persönliche Entwicklung darstellen und sich zu vielerlei Ansichten über Gott und die Welt verleiten.

Natürlich stehen in den »Erinnerungen« letztlich sein Wirken und seine Position zum MfS im Mittelpunkt – sonst wäre er schließlich kein Gauck. Er hat immer, seit er politisch wirken konnte, den Eindruck vermittelt: Die DDR ist gleichzusetzen mit der Stasi. DDR war Bespitzelung, Unterdrückung, Diktatur – ausgeübt vom Geheimdienst »Staatssicherheit«. Ganz im Gegensatz zu diesem politisch selbst geschaffenen Image erklärt Gauck allerdings in einem Interview: »*Der Befund der Aktenöffnung heißt: 98 Prozent hatten nichts mit der Stasi zu schaffen, nur eine Minderheit war Mielke zu Diensten*«.[4]

Wir werden dokumentarisch nachweisen, welche Rolle Gauck in diesem Prozess gespielt hat, wie er den Kontakt zum Ministerium für Staatssicherheit gesucht, mit dessen Vertretern Gespräche geführt und sich dabei wie ein Chamäleon gewandelt hat.

Gauck selbst schreibt: »*Nach jahrelangem Umgang mit den Akten dürfte allerdings weitgehend anerkannt sein, dass die Staatssicherheit im Interesse ihrer eigenen Funktionsfähigkeit darauf drang, dass die IM möglichst ›objektiv, unverfälscht, konkret und vollständig‹ über die für sie wichtigen Sachverhalte berichteten, ... so dass insgesamt zuverlässige Quellen entstanden, selbst wenn sie einen gewissen Grad von Ideologisierung aufweisen und selbstverständlich einzelne unkorrekte, oberflächliche oder tendenziöse Aussagen enthalten.*«[5]

Wir behandeln Gauck nach diesen eigenen Maßstäben – und sind sogar einen Schritt weiter: Wir bieten Zeugenaussagen, Dokumente und Gerichtsurteile auf, die diese Vorgänge bestätigen und erhärten.

Was sind die »Eidesstattlichen Versicherungen« Gaucks wert?

In seinen »Erinnerungen« schreibt Gauck: »*Völlig unstrittig war, dass die Stasi kein Verhandlungspartner war ... Für mich stand eindeutig fest, dass sich ein Kontakt zur Stasi nur legitimieren ließ, wenn es um die Klärung konkreter Fragen etwa nach Verhaftungen ging.*«[6]

»*Man wollte wissen, was denn dran sei an dem Gerücht, Gauck sei ein IM? ... Ich war zwar bereits als Abgeordneter der Volkskammer überprüft worden, aber Geiger* (Gaucks »Dienststellenleiter«, d. A.) *machte sich dennoch auf den Weg nach Rostock, um mit Tatsachen aufwarten zu können. Er sah die noch versiegelte Originalakte ein und meldete nach Bonn, dass definitiv keine Anwerbung stattgefunden habe. Es gab nicht einmal einen IM-Vorlauf.*«[7]

Warum, Herr Gauck müssen Sie 1991 Ihren Dienststellenleiter nach Rostock schicken, um in Ihre Akte einsehen zu lassen? Und warum betonen Sie, dass diese »noch versiegelt« war? Sie hatten die Akte doch längst selbst »entsiegelt« und am 2. und 3. August 1990 mehrere Stunden allein mit ihrer Akte zugebracht, wie im vorgenannten ZDF-Interview durch Zeugen und Dokumente belegt ist.

Wesentlicher Bestandteil der Gauck-Akte war das von Gauck selbst genannte »Terpe-Protokoll«[8], eine Niederschrift des MfS-Hauptmanns Terpe über ein Gespräch mit Joachim Gauck am 28.7.1988. Peter-Michael Diestel hatte in der Zeitung DER FREITAG vom 28.4.2000 nähere Auszüge aus dem »Terpe-Protokoll« nicht nur veröffentlicht, sondern auch dahin gehend interpretiert,

Eidesstattliche Versicherung

Hiermit versichere ich, Joachim Gauck, Bundesbeauftragter für die Unterlagen des Staatssicherheitsdienstes der ehemaligen DDR, dienstansässig: Glinkastraße 35, 10117 Berlin, in Kenntnis der Strafbarkeit einer falschen Versicherung an Eides Statt folgende Tatsachen an Eides Statt:

Ich war zu keinem Zeitpunkt als inoffizieller Mitarbeiter (IM) für das Ministerium für Staatssicherheit der ehemaligen DDR tätig.

Insbesondere habe ich mich zu keinem Zeitpunkt zur Lieferung von Informationen an den Staatssicherheitsdienst bereiterklärt und habe zu keinem Zeitpunkt bewußt und gewollt mit dem Staatssicherheitsdienst zusammengearbeitet. Ich war dementsprechend auch nicht der IM „Larve".

Berlin, den 3. Mai 2000

Joachim Gauck

Beglaubigt
Rechtsanwalt

Veröffentlicht im »Freitag« vom 19.5.2000

dass Gauck offensichtlich Vorteile gehabt haben musste. Gauck beeilte sich, umgehend in einer eidesstattlichen Versicherung das Gegenteil niederzulegen.

In der am 3. Mai 2000 unterzeichneten und anwaltlich beglaubigten »Eidesstattlichen Versicherung« erklärt Joachim Gauck, zu keinem Zeitpunkt Inoffizieller Mitarbeiter gewesen zu sein, nie Informationen an das MfS gegeben zu haben, zu keinem Zeitpunkt mit diesem zusammengearbeitet zu haben und nicht IM »Larve« gewesen zu sein.

Danach nahmen die Auseinandersetzungen zwischen Gauck und Diestel juristische Formen an. In der Zeitung NEUES DEUTSCHLAND vom 27./28.5.2000 hatte Diestel einen weiteren Artikel veröffentlicht. Darin hatte er Gauck als einen in »klassischer Weise durch die Staatssicherheit Begünstigten« bezeichnet. Diestel schreibt: »Den Begriff Täter oder Opfer gibt es nach dem Stasi-Unterlagengesetz nicht. Aber Gauck ist in klassischer Weise – und diesen Begriff gibt es im Gesetz – ein Begünstigter durch die Staatssicherheit.[9] Er hat das seltene Privileg genossen, dass er mit Unterstützung eines Stasi-Anwalts, des allseits bekannten Anwalts Wolfgang Schnur, seine Kinder in den Westen reisen lassen konnte. Herr Gauck durfte erleben, dass seine Kinder, nachdem sie mit Unterstützung der Stasi ausreisen durften, auch wieder einreisen konnten. Vergleichbares gibt es nur selten.«

In Erwiderung gab Gauck am 31. Mai 2000 eine erneute eidesstattliche Versicherung ab. In dieser heißt es: »*Ich bin vom Staatssicherheitsdienst der ehemaligen DDR in keiner Weise gefördert worden. Insbesondere sind mir vom Staatssicherheitsdienst der ehemaligen DDR keine beruflichen oder sonstigen wirtschaftlichen Vorteile verschafft worden ...*«

Er legt zum Beweis entsprechende eidesstattliche Erklärungen seiner Söhne und seines Vaters, sowie Auszüge aus seiner Stasi-

Eidesstattliche Versicherung

Hiermit versichere ich, Joachim Gauck, Bundesbeauftragter für die Unterlagen des Staatssicherheitsdienstes der ehemaligen DDR, dienstansässig: Glinkastraße 35, 10117 Berlin, in Kenntnis der Strafbarkeit einer falschen Versicherung an Eides Statt folgende Tatsachen an Eides Statt:

Ich bin vom Staatssicherheitsdienst der ehemaligen DDR in keiner Weise gefördert worden. Insbesondere sind mir vom Staatssicherheitsdienst der ehemaligen DDR keine beruflichen oder sonstigen wirtschaftlichen Vorteile verschafft worden. Ich bin auch nicht vom Staatssicherheitsdienst der ehemaligen DDR oder auf Veranlassung des Staatssicherheitsdienstes der DDR bei der Strafverfolgung geschont worden und habe auch keine Straftaten gefördert, vorbereitet oder begangen, erst recht nicht mit Wissen, Duldung oder Unterstützung des Staatssicherheitsdienstes der ehemaligen DDR. Ich war dementsprechend kein Begünstigter des Staatssicherheitsdienstes der ehemaligen DDR.

Ich habe Herrn Rechtsanwalt Wolfgang Schnur zu keinem Zeitpunkt ein Mandat erteilt, das sich auf die Ausreise meiner Söhne bezog. Herr Rechtsanwalt Schnur hat mich dementsprechend auch nicht dabei unterstützt, daß meine Kinder in den Westen reisen konnten.

Berlin, den 31. Mai 2000

Joachim Gauck

Joachim Gauck

Beglaubigt

Rechtsanwalt

Eidesstattliche Versicherung von Joachim Gauck vom 31.5.2000 vor dem Landgericht Rostock

Akte, »die mir im Zuge meines Antrages zur Akteneinsicht zugänglich gemacht worden sind«, vor. Von ihm werden nur Aktenauszüge aus den Jahren 1983 und 1986 präsentiert, in welchen Gauck durch die Staatssicherheit als Pastor eingeschätzt wird, der »in Rostock zu den verschiedensten Anlässen politisch negativ in Erscheinung tritt.« Akten aus den Folgejahren, aus welchen Anpassung, Kooperationsbereitschaft und Vorteilsnahme ersichtlich sind[10], werden von ihm nicht dem Gericht vorgelegt.

Rechtsanwalt Schnur widerspricht seinerseits mit einer »Eidesstattlichen Versicherung«. »Ich erkläre hiermit noch einmal eindeutig, dass mir Herr Gauck ein eindeutiges Mandat erteilt hat, notwendige Gespräche mit sämtlichen Behörden und Dienststellen der DDR zu führen, die für die Ausreise seiner Kinder notwendig waren.« Zur Unterstützung der Aussagen von Schnur bieten die Rechtsanwälte von Diestel sieben (!) Zeugen auf, die aus der unmittelbaren praktischen Arbeit im Sekretariat von Schnur oder bei den zuständigen Organen der DDR beeiden, dass und wie Gauck mit Schnur im Interesse seiner Söhne zusammen gearbeitet hat und weitere Privilegien durch Vermittlung des MfS genoss.

Von allgemeiner Bedeutung sind eidesstattliche Erklärungen des Leiters der Kreisdienststelle Rostock und des zuständigen Leiters für Ausreiseangelegenheiten im MfS. Sie dokumentieren die Ausreisepraxis in der DDR und die Verantwortung des MfS dabei. Jedem DDR-Bürger war bekannt, dass »Westreisen« nur mit Billigung der Staatssicherheit möglich waren.

Der ab Anfang Dezember 1989 bis zur Auflösung Ende März 1990 amtierende Leiter des Bezirksamtes für Nationale Sicherheit (MfS/AfNS) Artur Amthor erklärt: »Abschließend weise ich auf folgendes hin: Zu DDR-Zeiten gab es zentrale Bestimmungen, wonach zu den Genehmigungsverfahren in Fragen des Ost-West-Verkehrs das MfS das letzte Wort hatte. Die zuständigen Behörden trafen keine Entscheidungen ohne die Befragung unseres Organs. Nur in Ausnahmefällen und nach sorgfältiger Prüfung sowie Abwägung des Für und Wider im Einzelfall konnten von den allgemein gültigen Bestimmungen abweichende Entscheidungen getroffen werden. So verlief auch das Verfahren im Falle des Herrn Gauck, dessen mehrmalige Sondergenehmigung in weitergehenden operativen Zielen begründet lag … Auf jeden Fall bleibt es dabei, dass Herr Gauck wohl der einzige ehemalige DDR-Bürger ist, der wegen seiner Verstrickung mit dem MfS, die er nicht auf Dauer vertuschen konnte, keine Nachteile hatte.«[11]

Auf Grund der widersprüchlichen Aussagen schreibt DIE WELT. **Einer lügt. Schnur** (einschließlich sieben weiterer Zeugen) **oder Gauck** (einschließlich Vater und Söhnen).[12]

Urteil des Landgerichtes Rostock: Gauck darf als »Begünstigter der Staatssicherheit« bezeichnet werden.

Das Landgericht Rostock entschied in der mündlichen Verhandlung vom 22.9.2000. Gemäß Antrag der Anwälte von Diestel wird »Die einstweilige Verfügung vom 9.6.2000 aufgehoben und der ihr zugrundeliegende Antrag (der Gauck-Anwälte) zurückgewiesen.« Die Urteilsbegründung ist bemerkenswert: »Wegen dieser – im Widerspruch zu den Angaben des Verfügungsklägers (Gauck) stehenden Angaben des Wolfgang Schnur – hat sich die Kammer nicht die erforderliche Gewissheit verschaffen können, dass der Verfügungskläger (Gauck) in der Ausreiseangelegenheit seiner Kinder nicht von dem damaligen Rechtsanwalt Schnur unterstützt worden ist und insoweit kein Mandat erteilt hatte. Es liegen keine hinreichenden Anhaltspunkte vor, die die Annahme rechtfertigen, dass die eidesstattliche Versicherung von Wolfgang Schnur unzutreffend ist … Denn es liegen weitere Eides-

Landgericht Rostock

Geschäftsnummer

3 O 245/00

Verkündet am: 22.09.2000

Kleinke
als Urkundsbeamtin der
Geschäftsstelle

URTEIL

IM NAMEN DES VOLKES

In dem einstweiligen Verfügungsverfahren

des Herrn Joachim Gauck,
Glinkastraße 35, 10117 Berlin,

– Verfügungskläger –

Verfahrensbevollmächtigter:

Rechtsanwalt Dr. Weberling,
Oranienstraße 164, 10969 Berlin,

g e g e n

Herrn Dr. Peter-Michael Diestel,
Menzelstraße 16, 14467 Potsdam,

– Verfügungsbeklagter –

Verfahrensbevollmächtigte:

Rechtsanwälte Senfft, Kersten, Voss-Andreae & Schwenn,
Schlüterstr. 6, 20146 Hamburg,

hat das Landgericht Rostock, 3. Zivilkammer, durch

Richterin am Landgericht Mahmens
Richterin am Landgericht Schwetlik-Kuhlemann und
Richter am Landgericht Dr. Fuchs

in der mündlichen Verhandlung vom 22.9.2000 für Recht erkannt:

Faksimile zum Gerichtsverfahren vor dem Landgericht Rostock vom 22.9.2000

50

1. Die einstweilige Verfügung des Landgerichts Rostock vom 9.6.2000, Aktenzeichen 3 O 245/00, wird aufgehoben.

2. Der Antrag auf Erlaß einer einstweiligen Verfügung wird zurückgewiesen.

3. Die Kosten des Verfahrens trägt der Verfügungskläger.

4. Das Urteil ist vorläufig vollstreckbar. Der Verfügungskläger kann die Vollstreckung durch Sicherheitsleistung in Höhe von DM 5.000,00 abwenden, wenn nicht der Verfügungsbeklagte vor der Vollstreckung Sicherheit in gleicher Höhe leistet.

Tatbestand

Der Verfügungskläger nimmt den Verfügungsbeklagten auf Unterlassung ehrverletzender Äußerungen in Anspruch.

Die Zeitschrift "Neues Deutschland" veröffentlichte in ihrer Wochenendausgabe vom 27./28.5.2000 unter der Überschrift "Ich fordere eine "Salzgitter-Behörde" für ausgegrenzte Ossis" einen Artikel über ein Interview mit dem Verfügungsbeklagten. Dieser Artikel enthält folgende Aussagen des Verfügungsbeklagten:
" Den Begriff Täter oder Opfer gibt es nach dem Stasi-Unterlagengesetz nicht. Aber Herr Gauck ist in klassischer Weise - und diesen Begriff gibt es im Gesetz - ein Begünstigter durch die Staatssicherheit. Er hat das seltene Privileg genossen, dass er mit Unterstützung eines Stasi-Anwalts, des allseits bekannten Anwalts Wolfgang Schnur, seine Kinder in den Westen reisen lassen konnte. Herr Gauck durfte erleben, dass seine Kinder, nachdem sie mit Unterstützung der Stasi ausreisen durften, auch wieder einreisen konnten. Vergleichbares gibt es nur selten."

Die Berliner Morgenpost veröffentlichte in ihrer Ausgabe vom 29.5.2000 unter der Überschrift "Die Geschichte einer Feindschaft" einen Artikel über ein Interview mit dem Verfügungsbeklagten. Dieser Artikel enthält folgende Aussagen des Verfügungsbeklagten: ' Gauck war zweifelsfrei kein IM, hat aber ebenso zweifelsfrei Kontakt mit dem Ministerium für Staatssicherheit gehabt. Etwa bei einem Gespräch 1988 zum Kirchentag Rostock. Gauck ist in klassischer Weise nach dem Stasiunterlagengesetz Begünstigter."

Es kann dem Verfügungsbeklagten auch nicht im Hinblick auf seinen Erkenntnisstand, den er aufgrund dieses Verfahrens nunmehr hat, untersagt werden, zu behaupten, der Verfügungskläger sei bei der Ausreise seiner Kinder in den Westen von Stasi-Anwalt Schnur unterstützt worden. Der Verfügungsbeklagte kann sich trotz der vom Verfügungskläger zur Glaubhaftmachung seines gegenteiligen Vortrages vorgelegten Beweismittel weiterhin auf die Wahrnehmung berechtigter Interessen berufen. Denn - wie oben ausgeführt - läßt sich trotz der vom Verfügungskläger eingereichten Beweismittel derzeit nicht feststellen, daß die Informationsquellen des Verfügungsbeklagten unzuverlässig sind.

2.

Der Verfügungskläger hat gegen den Verfügungsbeklagten aus § 823 BGB, § 1004 Abs.1 S.2 BGB analog i.V.m. Art. 1 Abs.1 S.1, Art.2 Abs.1 GG auch keinen Anspruch auf Unterlassung der Äußerung, er sei "Begünstigter" i.S.d. Stasi-Unterlagengesetzes.

a.

Zwar beeinträchtigt auch diese Äußerung den Verfügungskläger in seiner durch das allgemeine Persönlichkeitsrecht geschützten Individualsphäre. Denn der Verfügungsbeklagte wirft dem Verfügungskläger vor, vom Staatssicherheitsdienst der ehemaligen DDR begünstigt worden zu sein. Diese Äußerung läßt die Person des Verfügungsklägers in der Öffentlichkeit in einem negativen Licht erscheinen.

b.

Auch dieser Eingriff des Verfügungsbeklagten in das allgemeine Persönlichkeitsrecht des Verfügungsklägers ist jedoch nicht rechtswidrig. Der Verfügungsbeklagte kann wiederum die Wahrnehmung berechtigter Interessen für sich in Anspruch nehmen.
Es kann dahingestellt bleiben, ob es sich bei dieser Äußerung um ein reines Werturteil oder um eine Tatsachenbehauptung handelt. Mit dieser Äußerung wird zunächst mittels eines unbestimmten Rechtsbegriffes aus dem Stasi-Unterlagengesetz lediglich eine rechtliche Bewertung abgegeben, d.h. eine Rechtsauffassung

Faksimile zum Gerichtsverfahren vor dem Landgericht Rostock vom 22.9.2000 stattliche Versicherungen vor, die eine Unterstützung der Ausreise der Söhne des Verfügungsbeklagten durch Schnur möglich erscheinen lassen ... Der Verfügungskläger (Gauck) hat gegen den Verfügungsbeklagten (Diestel) auch keinen Anspruch auf Unterlassung der Äußerung, er sei »Begünstigter« i. S. d. Stasi-Unterlagengesetzes.« (Landgericht Rostock, Aktenzeichen 3 O 245/00 vom 22.9.2000)

Gauck nahm das Urteil nicht ohne Widerspruch hin. Er klagte erneut beim Landesgericht und Oberlandesgericht Rostock. Um die öffentlichen juristischen Auseinandersetzungen zu beenden und in Wahrung persönlichen Anstandes regte Peter-Michael Diestel eine außergerichtliche Einigung an. Diese fand am 26. März 2001 in einem Vier-Augen-Gespräch statt. In Gaucks Erinnerungen findet sich dazu die lapidare Aussage: »*Diestel gab zwar nicht auf und erklärte mich nun zum ›Begünstigten der Staatssicherheit‹, doch nach zwei Instanzen gelang es, eine außergerichtliche Einigung zu erzielen. Diestel unterschrieb eine Ehrenerklärung, die mich voll zufriedenstellte.*« [13]

Der Wortlaut der »Ehrenerklärung« (siehe Faksimile Seite 54)
Dass Herr Dr. h. c. (Joachim Gauck) mit dieser »Ehrenerklärung« dem Herrn Dr. jur. (Peter-Michael Diestel) juristisch in die Falle ging, war dem Dr. h. c. offenkundig nicht bewusst. Mit der Unterlassung weiterer rechtlicher Auseinandersetzungen wurde das Urteil des LGR Rostock rechtskräftig. Herr Dr. h. c. Joachim Gauck darf demzufolge im Sinne des Stasi-Gesetzes juristisch gesichert als ein »durch die Staatssicherheit Begünstigter« bezeichnet werden. Dieses Urteil impliziert, dass das Gericht dem Wahrheitsgehalt der »Eidesstattlichen Versicherungen« der Gauck-Familie keine überzeugende Bedeutung beimisst.

In Diestels Buch [14] findet man die entsprechende Aussage: Nebenbei sei noch angemerkt, »dass Gauck seither niemals den

Gauck und Diestel einigten sich außergerichtlich

Auf Anregung von Herrn Dr. jur. Peter-Michael Diestel fand am 26. März 2001 zwischen Herrn Dr. h.c. Joachim Gauck und Herrn Dr. jur. Peter-Michael Diestel ein Vier-Augen-Gespräch der beiden Prozeßgegner mit dem Ziel statt, den Rechtsstreit einvernehmlich zu beenden. Dieses Ziel wurde erreicht, da nach Informationsaustausch auch für Herrn Dr. jur. Peter-Michael Diestel die persönliche Integrität von Herrn Dr. h.c. Joachim Gauck außer Frage steht.

Dieses Gespräch wurde von beiden Seiten offen und unvoreingenommen geführt. Dabei wurden politisch unterschiedliche Aussagen, die die beiden Seiten in der Vergangenheit wiederholt geäußert hatten, in aller Deutlichkeit erläutert und aufrechterhalten. Die Gesprächspartner bedauern den Rechtsstreit, weil darin die persönlichen Lebensbereiche berührt worden sind, die so in der Öffentlichkeit nicht verhandelt werden sollten.

Dr. h.c. Joachim Gauck und Dr. jur. Peter-Michael Diestel kamen überein, die rechtliche Auseinandersetzung zu beenden. Sie hatten den beim OLG Rostock anhängigen Rechtsstreit bereits für erledigt erklärt. Herr Dr. h.c. Joachim Gauck wird nunmehr die gegen Herrn Dr. jur. Peter-Michael Diestel beim Landgericht Rostock anhängige Klage mit Zustimmung von Herrn Dr. jur. Peter-Michael Diestel zurücknehmen.

Potsdam/Berlin, 29.3.2001

Dr. h.c. Joachim Gauck   Dr. jur. Peter-Michael Diestel

Faksimile der außergerichtlichen Einigung zwischen Gauck und Diestel

Vorwurf, er sei ein ›Begünstigter der Staatssicherheit‹ gewesen, endgültig mit juristischen Mitteln aus der Welt geschafft hat.« Und Diestel versichert in einem Brief an seinen Vater: »Den Gauck greife ich nicht (mehr) an, weil wir uns nach einem von mir gewonnenen Rechtsstreit die Hand gegeben haben, um uns zu vertragen. Das zählt für mich.«[15]

Dass die gerichtliche Feststellung auch sachlich ihre Berechtigung hat und welche Kontakte es zwischen Gauck und der Staatssicherheit weiter gab, werden wir nachfolgend untermauern. Dabei werden wir uns an die in der Urteilsbegründung des Landgerichtes Rostock enthaltene Rechtsposition halten und in der Auseinandersetzung mit dem jetzigen Bundespräsidenten »Tatsachenbehauptungen« verwenden. Die daraus abzuleitenden Werturteile möge der Leser selbst treffen.

Landgericht Rostock

Geschäftsnummer 3 0 245/00 vom 22.9.2000 Joachim Gauck / Dr. Peter-Michael Diestel

Urteil – Auszüge

Nach §193 StGB sind Ehr- und Persönlichkeitsverletzungen gerechtfertigt, wenn sie in Verfolgung der in §193 StGB ausdrücklich genannten Rechte und Interessen oder zur Wahrnehmung sonstiger berechtigter Interessen erfolgen. Dieser Rechtfertigungsgrund gilt gegenüber zivilrechtlichen Delikten für alle **Tatsachenbehauptungen** und Meinungsäußerungen, für welche der Rechtfertigungsgrund aber verschieden zu konkretisieren ist … Bei Tatsachenbehauptungen hängt die Abwägung vom Wahrheitsgehalt ab. Wahre Aussagen müssen in der Regel hingenommen werden, auch wenn sie für den Betroffenen nachteilig sind, unwahre dagegen nicht … Die Äußerung einer ehrenrührigen Tatsache kann auch dann durch die Wahrnehmung berechtigter Interessen gerechtfertigt sein, wenn weder die Wahrheit noch die Unwahrheit bewiesen werden kann. Die Beweislast für die Wahrheit trägt zwar grundsätzlich der Angreifer. Erfolgt die umstrittene Tatsachenbehauptung jedoch in Wahrnehmung berechtigter Interessen und weist der Behauptende nach, dass er hinreichend sorgfältig recherchiert hat, so ist für die Abwägung der Interessen die Wahrheit der Behauptung so lange zu unterstellen, als nicht deren Unwahrheit festgestellt ist. Denn die Wahrheit einer Tatsachenbehauptung ist im Zeitpunkt der Äußerung oft ungewiss und stellt sich erst als Ergebnis eines Diskussionsprozesses oder einer gerichtlichen Klärung heraus. Würde angesichts dieses Umstandes die nachträglich als unwahr erkannte Äußerung immer mit Sanktionen belegt werden dürfen, so stünde zu befürchten, dass der Kommunikationsprozess litte, weil risikofrei nur noch unumstößliche Wahrheiten geäußert werden könnten. Damit wäre ein vom Grundgesetzgebrauch abschreckender Effekt verbunden, der aus Gründen der Meinungsfreiheit vermieden werden muss. (BVerfG, NJV 1999, 1324). Demjenigen, der nachteilige Tatsachenbehauptungen über einen Dritten aufstellt, werden zur Herstellung eines Ausgleichs zwischen dem Recht der Meinungsfreiheit und den Belangen des Persönlichkeitsschutzes Sorgfaltspflichten auferlegt, die sich im Einzelnen nach den Aufklärungsmöglichkeiten richten. Wer sich nachteilig über einen Dritten äußert, hat Belegtatsachen zur Erhärtung seiner Behauptungen anzugeben. Dem von der Tatsachenbehauptung nachteilig Betroffenen bleibt die Möglichkeit, die Belegtatsachen zu widerlegen. (Ermann, BGB, 10. A., Bd. I, Anh. § 12 Rz 12 Rz 356; BVerG, NJW 1999, 1324 ... Der Persönlichkeitsschutz geht bei **Werturteilen** regelmäßig der Meinungsfreiheit vor, wenn sich die Äußerung als Angriff auf die Menschenwürde, als Schmähkritik oder als Formalbeleidigung darstellt (Ermann, Anh § 12 Rz 309 ff.) ... Schmähkritik setzt voraus, dass nicht mehr die Auseinandersetzung in der Sache, sondern die Diffamierung der Person im Vordergrund steht … Nach Auffassung des BVerfG, der sich die Kammer anschließt, ist es ohne Bedeutung, ob das Werturteil richtig oder unrichtig ist (BVerfG, NJW 95, 3304; NJW 84, 1741, 85, 787). Das gilt insbesondere bei Meinungsäußerungen, die im öffentlichen Interesse liegen … Schließlich ist bei der Abwägung zu berücksichtigen, dass der Verfügungskläger (in diesem Falle Gauck d. A.) lediglich in seiner Individualsphäre betroffen ist. Diese genießt keinen so weitgehenden Schutz, insbesondere wenn es um die Betätigung im öffentlichen, politischen oder wirtschaftlichen Leben geht. (Palandt, Kommentar zum BGB, 58. A., § 823 Rz 185 m. w. N.)

Der Vorsitzende des Deutschen Journalistenverbandes erklärt: »Prominente müssen sich kritische Berichterstattung als Teil der Meinungsfreiheit gefallen lassen. Das müsste niemand besser wissen als der erste Mann im Staat.« [16]

Die Wahrheit

Die Aussagen von Gauck, nicht IM gewesen zu sein und folglich nicht als IM »Larve« geführt worden zu sein, treffen zu. Gauck war kein IM, dafür war er den Organen der DDR viel zu unzuverlässig. Andere Aussagen in den »Eidesstattlichen Versicherungen« sind wahrheitswidrig. Gauck hat Kontakte und offizielle Gespräche mit Mitarbeitern des Ministeriums für Staatssicherheit gehabt. Er hat daraus persönliche Vorteile genossen. Die Verbindung zum MfS wurde sogar auf Bitte von Joachim Gauck durch den Referenten für Kirchenfragen beim Rat der Stadt Rostock, Herrn Manfred Manteuffel hergestellt.

Wie Pfarrer Joachim Gauck mich gebeten hat, Kontakte zum MfS herzustellen

Ich – Manfred Manteuffel – war staatlicher Referent für Kirchenfragen beim Rat der Stadt (seit 1984) und beim Rat des Bezirkes Rostock (seit 1988). In der Verfassung der DDR war die Trennung zwischen Staat und Kirche verankert. Im praktischen Leben mussten jedoch eine Vielzahl von Problemen einvernehmlich geregelt werden: Die materiell-technische Sicherstellung für kirchliche Einrichtungen, insbesondere die Durchführung von Baumaßnahmen, Fragen der Ein- und Ausreise kirchlicher Würdenträger, praktische Probleme des Lebens der Christen. Meine Funktion war dem Ministerium des Inneren der Regierung der DDR zugeordnet. In dieser Funktion hatte ich über viele Jahre ständige dienstliche Kontakte mit dem Pfarrer Joachim Gauck. Meine Eindrücke von diesen Gesprächen und wesentliche Aussagen von Joachim Gauck darin, habe ich protokolliert.

Aus diesen protokollierten Gesprächen ergeben sich nachfolgende wichtige Aussagen: Ich erinnere mich, dass ich ein erstes offizielles Gespräch mit Pastor Joachim Gauck im Januar 1985 hatte. Gauck stellte sich mir gegenüber vor als ein überall bekannter Antikommunist. Er hätte von dem Staat und auch von vielen anderen Leuten diesen Stempel aufgesetzt bekommen und es wäre nicht günstig mit ihm über das Staat-Kirche-Verhältnis zu sprechen, weil er von Seiten des Staates keine Realität erwartet. Im Verlaufe des Gespräches öffnete sich Gauck immer mehr, er sprach von Friedensverantwortung als Christ, er sagte, seine Grundposition sei, Sozialismus und Pazifismus gehören zusammen. Der Pazifismus wäre für den Sozialismus nicht schädlich, sondern wäre ein positives Element innerhalb der Entwicklung des Sozialismus. Er hat sich damals klar zur Entwicklung der DDR geäußert, indem er sagte: »*Ich stehe zu diesem Staat, auch wenn ich zu diesem Staat als Bürger und Christ eine Reihe von Unklarheiten habe.*

Ich möchte nicht das Wort gebrauchen, dass ich in kritischer Distanz zu diesem Staat stehe, aber ich habe als protestantischer Christ zu diesen und jenen Erscheinungen hier und da eine andere Meinung. Ich werde meine Verantwortung als Staatsbürger wahrnehmen, ich habe das deutlich auch getan beim Kirchentag hier in Rostock und habe gegenüber Pressevertretern des öfteren geäußert: Ich werde unser Nest nicht beschmutzen. Das sage ich auch Ihnen gegenüber, weil ich davon ausgehe, dass wir noch mehrere Jahre zusammen arbeiten werden.«

Ein zweites Gespräch mit Gauck hatte ich im April 1985. In diesem Gespräch stellte er mir damals die Frage, was ich von den Vertretern der DDR des Ministeriums für Staatssicherheit halte. Ich merkte, da er hier und da schon Bemerkungen mit spitzer Zunge gemacht hatte, dass er ein gestörtes Verhältnis zu den Mitarbeitern des Ministeriums für Staatssicherheit hatte. Er äußerte die Meinung, dass die Vertreter der Staatssicherheit sich in alle Angelegenheiten, auch in die inneren der Kirche einmischen würden.

Am 30. Oktober 1985 hatte ich ein weiteres Gespräch zum Stand der Vorbereitung des Kirchentages mit Gauck. Er erklärte in diesem Gespräch unter anderem, dass er auf dem Kirchentag keine Themen zulassen will, die das Staat-Kirche-Verhältnis gefährden und er möchte einen Kirchentag von unten ausschließen.

Ein nächstes offizielles Gespräch fand im Februar 1986 statt. Gauck war damals der Meinung, man solle verstärkt auf die Vorschläge der Sowjetunion eingehen und erläuterte dann nochmals seine Stellung zur DDR. Er sei Bürger der DDR, wobei er eine kritische Grundhaltung zu diesem Staat besitzt. Und weil er die besitzt, wird er immer »in die Ecke gestellt.« Er war der Meinung, dass diese Einschätzung vor allem auf die Mitarbeiter des Ministeriums für Staatssicherheit zurückgeht. Offensichtlich gibt es immer noch Menschen wie solche, die Jesus ans Kreuz gebracht haben. Es zeigte sich immer wieder, dass Gauck ein wirklich stark gestörtes Verhältnis zu den Vertretern des Ministeriums für

Staatssicherheit hatte. Gauck sagte damals in diesem Gespräch, dass es für ihn sicher nie eine Chance geben werde, ins Ausland zu kommen, irgendwann mal eine Reise außerhalb der DDR, beispielsweise in die BRD zur Klärung einer Reihe dienstlicher Probleme zu unternehmen.

Gauck hat sich damals deutlich zum Ausreiseproblem geäußert. Er bekundete, er wolle alles tun, damit die Bürger in unserer Republik bleiben. Aber das Hauptproblem sieht er darin, dass man nicht über den Staat reden soll, sondern der Staat muss sich weiter festigen, das Sozialprogramm der Partei muss die Attraktivität des Sozialismus deutlich machen.

Es kämen auch viele Menschen zu ihm, um seine Meinung zum Problem Wehrdienst zu hören. Insbesondere kämen viele Jugendliche zu ihm, die sich dem Wehrdienst absolut verweigern wollten. Er, Gauck ist der Meinung, dass man so etwas nicht dulden kann und er persönlich sei gegen absolute Verweigerung. Er sieht in den Bausoldaten eine absolute Alternative und er wird alles unternehmen, um Jugendliche von einer Verweigerung abzubringen.

Im Vorfeld zu unseren Gesprächen hatte sich Gauck mehrfach an mich gewandt und geäußert, er möchte mit Vertretern des Ministeriums für Staatssicherheit mal ins Gespräch kommen. Bei unserem Gespräch sagte er mir dann, es hätte ein solches Gespräch stattgefunden. Er bedankte sich bei mir für diese Vermittlung.

Bei diesem Gespräch mit dem Vertreter des MfS konnten nach Gaucks Darstellung jedoch nicht alle Fragen und alles Misstrauen gegenüber dieser Institution ausgeräumt werden, obwohl das Gespräch sehr sachlich war.

Bei unserem Gespräch im März 1986 bedankte sich Herr Gauck auch dafür, dass man ihm großes Vertrauen entgegen gebracht hat, indem man ihn in die BRD reisen ließ. Bisher hätte er sich immer als abgestempelt betrachtet. Aber diese Möglichkeit, in die BRD reisen zu dürfen, zeige doch wohl, dass der Staat zu ihm

Vertrauen habe wie er Vertrauen zum Staat habe. Das zeuge davon, dass man endlich hier und da einsieht, dass er als Bürger der DDR sich immer als Bürger der DDR betrachtet und auch in diesem Land leben möchte. Er habe keine anderen Interessen, auch keine gegen den Staat gerichteten, er vertrete eben nur die Interessen der Christen in diesem Staat.

Bei den Gesprächen unter vier Augen kamen wir unter verschiedenen Gesichtspunkten immer wieder auf seine Position zum Ministerium für Staatssicherheit zu sprechen. Seit 1987 hat sich Gauck mehrmals dahin gehend geäußert, dass er in der Vergangenheit die Arbeit dieser Leute des Ministeriums für Staatssicherheit falsch eingeschätzt hat. Er glaubt inzwischen, dass sie doch einen sehr wichtigen Auftrag bei uns in der DDR zu erfüllen haben. Schließlich gibt es in fast allen Ländern der Welt solche Organe, die für die innere und äußere Sicherheit des Staates verantwortlich sind. Es kommt wohl darauf an, welcher Methoden sich diese Leute gegenüber den Bürgern bedienen. Er ist zu der Einsicht gekommen, dass es inzwischen eine große Veränderung im Umgang dieser Leute mit den Bürgern gibt. Er hat erkannt, dass es viel kluge Leute in diesen Dienststellen gibt, die sehr sachlich, vernünftig reagieren, die sehr sachkundig sind und vor allem, die nicht vorverurteilen, sondern sich um die Klärung vieler Probleme bemühen.

In einem Gespräch im März 1989 zieht Joachim Gauck eine positive Bilanz und Wertung seiner Kontakte mit dem MfS. Bezug nehmend auf die Frage, ob er denn Kontakt gehabt hätte mit den Herren der Staatssicherheit, antwortete er: »*Ja, ich habe in den letzten zwei Jahren zweimal Kontakt gehabt. Besonders das Gespräch vor einem 3/4 Jahr* (das Gespräch mit Hptm. Terpe d. A.) *hat mich sehr überzeugt. Der Gesprächspartner, der auf mich zugegangen ist, hat in einem sehr sachlichen Gespräch eine Reihe von wichtigen Problemen behandelt, wobei man spürte, dass hier um Klarheit, Sachlichkeit, Wahrheitstreue gerungen wird. Das hat mich beeindruckt.*«

Was Gauck in diesem Zusammenhang auch sehr positiv sah, war, dass sich sein ein wenig gestörtes Verhältnis zu den Organen der Staatssicherheit wohl in Zukunft anders gestalten wird. Denn er hat festgestellt, dass in der Staatssicherheit Herren sind, die politisch sehr klug, in der Diskussion sehr real und im Umgang sehr sachlich und menschlich sind. Die Leute, die früher mit seinem Vater umgesprungen sind, wofür sein Vater letztlich mehrfach zur Verantwortung gezogen wurde, diese Leute hat er in den letzten Jahren in Rostock nicht mehr antreffen können.

Aus dem Bericht des MfS-Hauptmanns Terpe: »Gauck fragte, ob er bei einem Problem das MfS anrufen könnte.«

Wie bereits dargelegt, behauptet Gauck in seinen »Erinnerungen«: »*Für mich stand eindeutig fest, dass sich ein Kontakt zur Stasi nur legitimieren ließ, wenn es um die Klärung konkreter Fragen etwa nach Verhaftungen ging.*« [17]

Im Gespräch mit Hauptmann Terpe ging es aber nicht um konkrete Fragen, sondern um sehr Grundsätzliches. Was war der Inhalt dieses bisher umfangreich publizierten[18] Gespräches mit dem MfS-Hauptmann Terpe? Das authentische Protokoll des Gespräches ist in Anlage 2 wiedergegeben.[19] Es geht uns nicht vorrangig darum, **dass** ein Gespräch stattfand, sondern **was** Gegenstand des Gespräches war.

Grundbedingung des Gespräches seitens Gauck war: »*Ich spreche nur mit kompetenten Mitarbeitern des MfS.*« Gauck befürchtet, »*dass die positiven Zielsetzungen der sozialistischen Gesellschaft in der DDR nicht erfüllt werden könnten.*«

Der Hofberichterstatter schreibt: »Heute wie im Dritten Reich sollen die Menschen stolz sein auf ihren Staat. Aber ich sehe keinen Grund, warum ich auf unseren Staat stolz sein könnte, führte er (Joachim Gauck d. A.) aus.[20] In der Aussprache mit Herrn Terpe vom MfS hört sich das anders an: »Gauck schätzte ein, dass wenn diese Veränderungen in der DDR nicht kurzfristig realisiert werden, die DDR sich im sozialistischen Lager isolieren wird und die positiven Zielsetzungen, die die sozialistische Gesellschaft in der DDR hat, dadurch nicht erfüllt wird und letzten Endes die Erwartungshaltung der DDR-Bürger hinsichtlich der Erfüllung der Ziele der Wirtschafts- und Sozialpolitik in Gefahr geraten.«

»Gauck äußerte, dass er ihm bekannte Übersiedlungsersuchende durch mehrmalige Gespräche beeinflussen will, in der DDR zu bleiben.«

»Gauck wurde seitens des MfS gedankt für seine Initiativen für seine langfristige gute Zusammenarbeit mit den entsprechenden staatlichen Stellen in Vorbereitung und Durchführung des Kirchentages.« Gauck bietet Zusammenarbeit auf dem Gebiet der Ökologie an.

»Gauck glaubt aber auch, dass das MfS einen echten positiven Beitrag zur Entwicklung der sozialistischen Gesellschaft einbringen wird.«

»Gauck wurde mitgeteilt, dass der beantragten Einreise seiner in die BRD übergesiedelten Kinder zugestimmt wird.«

»Gauck fragte den Mitarbeiter, ob er seinerseits etwas dagegen hätte, wenn er ihn, wenn er ein Problem hätte, anrufen könnte und mit ihm ein (weiteres) Gespräch vereinbaren kann«. In Gaucks »Erinnerungen …« liest sich diese Aussage allerdings anders: »*Jedenfalls ließ Stasi-Hauptmann Terpe bei der Verabschiedung seine Telefonnummer da, man könne ja weiter reden. Ich sagte: ›Klingt alles sehr interessant, kann sein, dass ich mal darauf zurück komme‹.*« [21]

Hauptmann Terpe schätzte im Ergebnis des Gespräches ein, dass die bisherigen Wertungen zur Person Gauck zu präzisieren seien und schlug vor, einen IM-Vorlauf anzulegen. Dazu kam es jedoch nicht. Offenkundig wurde von den Leitern der Dienststelle richtig erkannt, dass es sich bei Gauck in der Aussprache nicht um ehrliche Positionen handelte. Durch den Leiter der Kreisdienststelle des MfS – Oberst Becker – wurde entschieden und vom 1. Stellvertreter des Leiters der Bezirksverwaltung bestätigt: »Auf der Grundlage der gesammelten Erkenntnisse zu ›Larve‹ durch die Vorgangsbearbeitung und in Anbetracht der aktuellen Situation wie

– erfolgreicher Verlauf des Kirchentages 1988 in Rostock und damit positiver Ausdruck seiner Tätigkeit als Vorsitzender des Kirchentagsausschusses der ELKM,

– kein erkennbarer Konfrontationskurs mit dem Staat,

– erkennbare Dialogbereitschaft mit staatlichen Vertretern

… kann eingeschätzt werden, dass von ›Larve‹ derzeitig keine Aktivitäten ausgehen werden, die eine weitere Bearbeitung des Operativvorganges erforderlich machen. Es wird vorgeschlagen den OV in der Abt. X11 zu archivieren.«

Gauck wurde für diese »konstruktive Zusammenarbeit« mit dem MfS »belohnt«. Seine Kinder Gauck Christian mit Ehefrau und Gauck Martin, die 1987 in die BRD ausreisen durften, konnten zu Besuchszwecken in die DDR wieder einreisen. Gauck selbst konnte mehrfach in die BRD ausreisen. Ihm wurde auf seinen Wunsch hin ein VW-Transporter über Genex organisiert. (Siehe nachstehende eidesstattliche Versicherung von Manfred Manteuffel vom 1.8.2000 zum Prozess Gauck ./. Diestel vor dem Oberlandesgericht Rostock)

Artur Amthor bestätigt: »Nach diesem Gespräch vom 28. Juli 1988 erfuhr er von unserem Organ Vergünstigungen und Privilegien wie kein anderer DDR-Bürger. Wie bekannt, wollte die Kreisdienststelle Rostock ihn dadurch an uns binden und schließlich als IM gewinnen.«[22]

Daniela Dahn vertritt in einem Interview die Auffassung: »Es müsste z. B. »gewulfft« werden, was an dem im Internet kursie-

Eidesstattliche Versicherung

In Kenntnis strafrechtlicher Folgen der Abgabe einer falschen eidesstattlichen Versicherung erkläre ich, Manfred Manteufel, ███████████████, Rostock, folgendes an Eides statt:

Aus der Zeit meiner Tätigkeit im Referat für Kirchenfragen beim Rat der Stadt Rostock und zum Teil beim Rat des Bezirkes Rostock ist mir erinnerlich, daß der damalige Pastor Joachim Gauck zahlreiche Begünstigungen, vor allem durch die Einflußnahme des Ministeriums für Staatssicherheit, erfuhr, die in sonstigen vergleichbaren Angelegenheiten nicht üblich war. So erfolgte z.B. eine Rücksprache beim Staatssekretariat für Kirchenfragen mit dem MfS, um die Sperre zur Besuchsreise des Herrn Gauck in die BRD aufzuheben. Nach Konsultation mit mir wurde dieser Bitte entsprochen. Herr Joachim Gauck ist danach mehrmals in die Bundesrepublik ausgereist. Auf Wunsch von Herrn Joachim Gauck nach Rücksprache mit ihm wurde ein Gespräch mit Vertretern des MfS organisiert.

Darüber hinaus wurde Herrn Joachim Gauck auf dessen persönlichen Wunsch Hilfe beim Aufstellen eines Wohnwagens als Gemeindezentrum in Rostock-Ewershagen zuteil und durch die Fürsprache wurde er betr. Einfuhr eines VW-Transporters über Genex unterstützt. Zudem wurden mehrere Gespräche mit Lehrern und dem Schulleiter der Tochter von Herrn Joachim Gauck geführt, um dessen Bitte bezüglich einer Gleichbehandlung zu entsprechen, obwohl es dafür keine begründete Veranlassung gab. Selbstverständlich wurde Herr Joachim Gauck in Vorbereitung des Kirchentages durch Versorgung mit Papier, Druckkapazität, durch Hilfe bei der Genehmigung zur Nutzung öffentlicher Plätze und der Kongreßhalle in Rostock unterstützt.

Rostock, den 01.08.2000

[Unterschrift]

Manfred Manteufel

Eidesstattliche Versicherung Manteuffel vor dem Landgericht Rostock renden Gerücht dran ist, dass Gauck mit Hilfe der Stasi zu DDR-Zeiten einen VW-Kleinbus bekommen hat. Sollte das stimmen, würde das schwerer wiegen als Übernachtungen bei Filmproduzenten (Wulff bei Groenewold – d. A.). Allein die Vorstellung, dass diese Art von Debatten auch mit dem neuen Präsidenten weitergehen wird, ist sehr unbehaglich.«[23] Wir haben »gewullft« – und sind fündig geworden.

In Kenntnis dieser belegten Tatsachen möge sich der Leser seine eigene Meinung darüber bilden, was die eidesstattlichen Aussagen Gaucks »*Ich habe zu keinem Zeitpunkt bewusst und gewollt mit dem Staatssicherheitsdienst zusammen gearbeitet*« und »*Ich war dementsprechend kein Begünstigter des Staatssicherheitsdienstes der DDR*«, wert sind.

Wie ist die Wertung bezogen auf einen nunmehrigen Bundespräsidenten? Warum ist Herr Gauck nicht in der Lage, sich offen und ehrlich zu seiner Biografie zu bekennen? Wo liegt das Problem, zu sagen, ja auch ich habe Kontakte zum MfS gehabt und im Sinne der Kirche und auch zum eigenen Vorteil genutzt? Es würde ihn menschlich verständlicher machen.

Gauck ist zu einer ehrlichen Position nicht fähig, er gibt nichts zu, gar nichts. Fehler kennt er nicht in seinem Leben. Entwicklungsfähig sind seine Auffassungen auch nicht, höchstens anpassungsfähig. Die Sturheit des Pastors geht soweit, dass er auf eine Frage von Günter Jauch, ob er denn wenigstens der Meinung ist, dass die unbeaufsichtigte Einsicht in die Stasi-Akte ein taktischer Fehler war, mit »nein« antwortet.[24] Gauck kann nichts zugeben, es würde seine Lebensphilosophie zerstören. Es würde es ihm unmöglich machen, gnadenlos und unnachsichtig mit der DDR abzurechnen, um seine Karriere im jetzigen System abzusichern. Er könnte seine Rachefeldzüge gegen Menschen, die weniger als er mit den Sicherheitsorganen zu tun hatten, nicht gestalten.

Anmerkungen

1 Namen bekannt

2 DER SPIEGEL Heft 17 vom 22.4.91 S. 21ff. »Ich spiele nicht den Kohlhaas« von Hans-Joachim Noack

3 Artur Amthor »Ruhe in Rostock – Von wegen« Verlag am Park 2009, S. 268

4 Gauck Interview in der SÜDDEUTSCHEN ZEITUNG vom 23.6.1995 »Wir waren ein angepasstes Volk, aber kein Volk von Verrätern.«

5 Gauck »Winter im Sommer …« S. 295

6 Ebenda, S. 153 und 159

7 Gauck »Winter im Sommer« a.a.O. S. 297

8 Niederschrift des Hauptmanns der Staatssicherheit Terpe über ein Gespräch mit Gauck vom 11.8.1988 – siehe Anlage 2

9 Das Stasi-Unterlagen-Gesetz vom 20.12.1991 definiert in §4 (6): »Begünstigte sind Personen, die … vom Staatssicherheitsdienst wesentlich gefördert worden sind, insbesondere durch Verschaffung beruflicher oder sonstiger wirtschaftlicher Vorteile, …«

10 Siehe Abschnitt »Terpe-Bericht«

11 Artur Amthor »Ruhe in Rostock? – Von wegen.« – Verlag am Park 2009, S. 277

12 Welt am Sonntag vom 3.9.2000 »Stand Gauck unter Stasi-Schutz?«

13 Gauck »Winter im Sommer«, a.a.O. S. 298

14 »Diestel – Aus dem Leben eines Taugenichts« – Das Neue Berlin 2010, S. 145

15 Ebenda, S. 216

16 Michael Konken, Vorsitzender des Deutschen Journalistenverbandes, zitiert in »Affäre Wulff« S. 146

17 Gauck »Winter im Sommer« a.a.O. S. 153

18 DIE WELT vom 23.4.1991 / Peter-Michael Diestel »Auf Wiedersehen, Herr Gauck« – DER FREITAG vom 28.4.2000 / Klaus Huhn »Die Gauck-Behörde« Spotless 2012, S. 56 ff. / »Der Fall Gauck« – 1996 und »In alle Ewigkeit Stasi« – 2003 beide im Spottless-Verlag

19 Abschrift des gesamten Protokolls 2 »Ein gedeckter Tonbandmitschnitt ermöglichte es, den Inhalt wortgetreu wiederzugeben.« – Artur Amthor »Ruhe in Rostock« a.a.O. S. 260

20 Robert Robers a.a.O. S. 76

21 Gauck »Winter im Sommer« S. 158

22 Artur Amthor a.a.O. S. 276

23 JUNGE WELT vom 21.2.2012

24 SAT 1, STERN-TV vom 30.9.1991

IV. Joachim Gauck – der »Rächer«

Niedergeschrieben unter Mitwirkung von Hans Bauer

Vater unser… und vergib uns unsere Schuld, wie auch wir vergeben unseren Schuldigern

Der TAGESSPIEGEL vom 21.10.2012 meint: »Als Bundesbeauftragter für die Stasi-Unterlagen hat es Joachim Gauck zu beträchtlichem Ruhm gebracht. Er gilt seither als Nestor der Aufarbeitung.« Sein »Ruhm als Nestor der Aufarbeitung« brachte ihm ungezählte Ehrungen, Würdigungen und Preise ein und führte letztlich auf den Präsidentenstuhl. Joachim Gauck selbst legt in seinen Erinnerungen größten Wert darauf, sich immer als Opfer, als Betroffener der Stasi darzustellen. Wir haben bereits enthüllt, welche Beziehungen das »Opfer« Gauck zur Staatssicherheit hatte und welche persönlichen Vorteile daraus erwuchsen. Gauck war kein Opfer, er war »Begünstigter«. Trotzdem fühlte er sich berufen, als »Rächer zu fungieren.« Seine Zeit kam nach dem Beitritt der DDR. Als allgewaltiger Verwalter der Akten gebrauchte er diese nicht nur, sondern missbrauchte sie.

Die Geschichte der Stasi-Behörde

Am 24. August 1990 beschloss die Volkskammer der DDR, eine Behörde einzurichten, der »die politische, historische und juristische Aufarbeitung« der Tätigkeit des Ministeriums für Staatssicherheit obliegen sollte. Dieser Beschluss entsprach nicht den Interessen der Bundesregierung. Sie wollte die Abhörprotokolle vernichten, denn in den geschätzten 6 Millionen Dossiers lagerten auch geschätzte 2 Millionen über Westbürger, darunter hochbrisante über Spitzenpolitiker. Die Innenminister der westlichen Länder beschlossen deshalb, personenbezogene Stasiakten von den Verfassungsschutzämtern einzusammeln und ungelesen zu vernichten. Der damalige DDR-Innenminister der de Maziere-Regierung Peter-Michael Diestel unterstützte dieses Vorgehen. Die Regelung, Daten löschen, sprich, vernichten zu dürfen, fand Eingang in den Entwurf des Einigungsvertrages. Im Westen wurden die ersten Akten zerstört. Das widersprach den Interessen der radikalsten Bürgerrechtler, angeführt von Bärbel Bohley. Sie besetzten das Stasi-Archiv und wollten die Akten am liebsten den DDR-Bürgern aushändigen. Jetzt schlug die Stunde des Joachim Gauck. Er distanzierte sich von diesem Vorhaben der Stasi-Besetzer. Er forderte den Verzicht auf die Fortgeltung des Volkskammergesetzes. Er warb für die »Aufarbeitung« der Stasi-Akten. Statt die Akten zur Selbstverwaltung Bürgerrechtlern zu überlassen, sollte eine zentrale Behörde einen strengen »Datenschutz« über die Akten ausüben. Durch einen von Gauck initiierten Zusatz zum Einigungsvertrag wurde der Plan der Bundesregierung zur Aktenvernichtung ausgehebelt. Wer nunmehr der Herr über die Aktenberge sein würde, war damit auch entschieden.

Die von Gauck im ZDF-Interview stolz verkündete Überprüfung seiner Eignung dafür schildert Artur Amthor so: »Es muss Herbst 1990 gewesen sein, als die Vereinnahmung der DDR durch die BRD bereits besiegelt war ... Ich traf mit einem höheren Regierungsbeamten zusammen, der per Hubschrauber in Begleitung einer Frau, vermutlich seiner Sekretärin, aus Bonn angereist war. Ich glaube, er nannte nur seine Dienstbezeichnung Oberregierungsrat. Jedenfalls erfuhr ich keine Namen und Angaben zum Geschäftsbereich. Der Beamte kam gleich zur Sache, indem er mir Fragen zu Gauck stellte. Das Anliegen, um das es ihm ging, nannte er nicht. Seine Fragestellung beinhaltete nur, ob ich Gauck kenne und wie ich ihn einschätze. Insofern blieben meine Antworten auch sehr allgemein und nichtssagend, zumal der Beamte mit keinem Wort erwähnte, dass Gauck für das Amt des ›Bundesbeauftragten für die Unterlagen des Staatssicherheitsdienstes der DDR‹ im Gespräch sei …

Erst im vergangenen Jahr erfuhr ich, dass von vermutlich dem gleichen Oberregierungsrat auch ein Mitarbeiter der Kreisdienststelle Rostock befragt worden war, der zur Problematik Gauck überhaupt keine Angaben machen konnte, da er dazu arbeitsmäßig keinerlei Beziehung hatte. Nun kann es sein, dass der Herr Oberregierungsrat seine Recherchen zu Gauck beendete und seinem Auftraggeber berichtete, es gäbe keinerlei Hinweise, die der Kandidatur von Gauck im Wege stünden. Dabei war es seiner Oberflächlichkeit bei der Einholung der Auskünfte zuzuschreiben, dass es zu nichtssagenden Ergebnissen kam, die niemals Grundlage für eine so wichtige Vorentscheidung sein durften.«[1]

Gauck hatte sich die Grundlage für seinen persönlichen Rachefeldzug und eine jahrelang gut dotierte Arbeitsstelle geschaffen. Eine riesige Institution wurde aufgebaut, 160.000 laufende Meter Akten standen zur gezielten Aufarbeitung zur Verfügung. Die Institution beschäftigt bis heute 3.000 Mitarbeiter und kostet pro Jahr 200 Millionen DM.[2]

Wohl jeder Staat der Welt verfügt über einen Geheimdienst, dessen Tätigkeit sich weitgehend der Öffentlichkeit entzieht. Das trifft auch auf die BRD zu, wie geradezu symptomatisch die jüngsten Enthüllungen über Tolerierung und Unterstützung faschistischer Verbrechen belegen. Und vieles bleibt bei diesen Vorgängen weiterhin geheim. Aber die vollständige Öffnung aller Akten des Geheimdienstes eines Landes, wie es mit der DDR geschah, ist geschichtlich sicher einmalig. Statt eine wirkliche Einheit des Volkes und des Landes anzustreben und frühere Zusagen der gegenseitigen Nichtabrechnung einzuhalten, wurden die MfS-Unterlagen von der BRD systematisch genutzt als Beweis-, Druck- und Erpressungsmittel zur Verfolgung, Diffamierung, Einschüchterung und Niederhaltung von Menschen und zur Ablenkung von eigenen Ge- und Verbrechen.

Wenn schon keine Vernichtung aller Geheimdienstunterlagen (wie von einigen Politikern im Interesse des Rechtsfriedens gefordert), wäre zumindest bei einer Vereinigung zweier souveräner Staaten die Offenlegung der Unterlagen beider Staaten geboten gewesen. Vorausgesetzt, die Vereinigung hätte auf gleicher Augenhöhe stattgefunden. In Gaucks Macht stand es, hierfür Signale zu setzen und Gerechtigkeit einzufordern. Gerade von einem Kirchenmann wäre dies zu erwarten gewesen.

Aber das Gegenteil war der Fall. Gauck wurde williger Vollstrecker einer menschenfeindlichen Einigungspolitik, die bis heute anhält. Er wurde laut DER SPIEGEL »Herr der Akten, der Großinquisitor«[3] der offenbar auf Bestellung lieferte, aber auch eigene Politik betrieb. Wo auch immer »politischer Bedarf« war, die Gauck-Behörde war stets zur Stelle: in juristischen Prozessen, vor Wahlen, in Krisenzeiten, bei der Besetzung und Suspendierung von Ämtern, bei der Ablösung von Abgeordneten und der Vergabe von Posten. Besonders spektakulär und für viele politische und persönliche Entwicklungen einschneidend »... war die unter Missachtung elementarster rechtsstaatlicher Grundsätze praktizierte Medienpolitik der von Gauck geleiteten Behörde«[4] Mit der Behauptung neutraler Auskünfte und unter dem Deckmantel angeblicher Forschungen wurden Kontakte zum MfS angedeutet, vermutet, fingiert, konstruiert und belegt, die schwerwiegende Folgen für Betroffene hatten. Verdächtige, Beschuldigte und Opfer dieser Denunziationen und damit im Sinne der Herrschenden »Täter« waren neben Mitarbeitern des MfS überwiegend ostdeutsche Politiker, Juristen, Parlamentarier, Schriftsteller, Polizisten, Wissenschaftler, Künstler, Angestellte und Beamte, die sich für eine bestimmte Stelle im öffentlichen Dienst oder für ein Ehrenamt bewarben oder diese bereits bekleideten. Gaucks Behördenauskunft war in politischen Strafverfahren zur Abrechnung mit der DDR und in Rentenangelegenheiten unentbehrlich. Schließlich waren es auch private Firmen und Einrichtungen, die zur Einholung von Auskünften gedrängt wurden, um festzustellen, ob ein Mitarbeiter MfS belastet ist.

Unter Gauck entwickelte sich eine bis heute anhaltende regelrechte Stasi-Jagd, die teilweise Pogromcharakter annahm. Gegenstand waren die Tätigkeit im und jegliche Kontakte zum MfS: wie Informelle Mitarbeit (IM), Geheime Mitarbeit (GM), Überlassung konspirativer Wohnungen, dienstliche und berufliche Verbindungen – wie von Gauck selbst ausreichend praktiziert.

Oscar Lafontaine erklärt in einem Interview mit STERN[5]: »Wir teilen die Auffassung des Willy-Brandt-Kreises der SPD[6], dass die Behörde, die er nach der Wiedervereinigung leitete, für die Aufarbeitung der DDR-Geschichte ungeeignet war und durch Gauck instrumentalisiert wurde, um die DDR auf allen Ebenen zu delegitimieren. Dabei wissen die Ostdeutschen, dass der protestantische Pfarrer Gauck durchaus zu jenen gehört hat, die von der Staatssicherheit auch Privilegien erhalten haben.«

In die Zeit, in welcher Gauck die Behörde leitete, fällt auch eine Falschinformation von Parlament und Öffentlichkeit. So lesen wir im FOCUS: »Dabei fällt doch in seine Amtszeit als Gründungsbeauftragter ein unrühmliches Kapitel, das die Behörde verfolgt: die Beschäftigung einer Vielzahl früherer hauptamtlicher Stasimitarbeiter. Als dieser Sachverhalt 2006 ruchbar wurde, erregte er enormes Aufsehen. Denn der Öffentlichkeit war nicht bekannt, dass eine viel größere Zahl als bisher angenommen, nämlich mehr als 50 ehemalige Stasileute in diesem Haus tätig waren. Im Mai 2007 legte ein Expertenteam im Auftrag von Kulturstaatsminister Bernd Neumann (CDU) dazu ein vertrauliches Gutachten vor. Es kam zu strengen Befunden, der brisanteste vielleicht: Beirat, Parlament und Öffentlichkeit wurden bis 2006 über die genaue Zahl ehemaliger MfS-Mitarbeiter getäuscht…In der Amtszeit Gauck antwortete die Bundesregierung am 15. Januar 1997 auf eine entsprechende Anfrage…, in der Stasiunterlagenbehörde seien ›noch 15 ehemalige hauptamtliche Mitarbeiter des MfS beschäftigt‹.«[7] Auch diese vor dem Parlament vollzogene Verschleierung hinderte nicht daran, Gauck als Bundespräsidenten zu installieren.

Die Toten klagen an

Am 27.9.2000 sendet das ZDF eine Dokumentation unter dem Titel »Der Herr der Akten – Joachim Gauck und das Stasi-Erbe«. Der Kommentator kommt nicht umhin, auch das festzustellen: »Es gibt tragische Fälle, von der Öffentlichkeit kaum wahrgenommen, z. B. das Schicksal von Eckhard Ulrich. Der namhafte Mediziner aus Halle wird Opfer einer regelrechten Rufmordkampagne, er soll wegen Stasi-Verdacht entlassen werden. In seinem Dienstzimmer wird Ulrich kurz darauf tot aufgefunden. Die Personalkommission hatte seine Überprüfung beantragt. Die Gauck-Behörde findet tatsächlich eine 20 Jahre alte Unterschrift samt Decknamen und Verpflichtungserklärung. Diese Information sickerte durch. Im Hörsaal wird Ulrich öffentlich als Stasi-Schwein beschuldigt. Eine Woche nach seinem Freitod entlastet ihn die Gauck-Behörde, eine Zusammenarbeit hat er trotz Verpflichtungserklärung immer verweigert. »Ich war kein Stasi-Spitzel« hatte Ulrich in seinem Abschiedsbrief geschrieben.«

Niemand kennt die genaue Zahl derjenigen, die sich nach dem Vorwurf einer Zusammenarbeit mit dem MfS und der daraufhin einsetzenden Medienkampagne, verbunden mit Stigmatisierung, Bedrohung und Ausgrenzung, das Leben nahmen. Es waren Menschen, die beim Aufbau einer neuen Gesellschaft helfen wollten und sich humanistischen Idealen verpflichtet fühlten.

»Für einen Menschen, der sich selbst das Leben genommen hat, haben wir Gedanken der Trauer, der Verlegenheit, ja das Umgetriebensein jedes seiner Angehörigen kreist um die Frage: Hat mein Verhalten Anteil an diesem Tod?« schreibt der evangelische Pfarrer Dieter Frielinghaus.[8] Dem evangelischen Pfarrer Gauck kommt eine derartige Fragestellung nicht in den Sinn. Als ein westdeutscher Historiker sich an die Gauck-Behörde mit der Frage wandte, ob nicht nach der Wende durch Stasi-Verfolgung schon mehr (Selbstmord-)Opfer als an der Mauer zu beklagen seien, bekam er die eiskalte Antwort: »Darüber führen wir keine Statistik.«[9]

Viele Opfer wären zu nennen, die angesichts der gegen sie entfachten Pogromstimmung keinen anderen Ausweg sahen, als sich selbst zu töten.

Ein Abgeordneter der Rostocker Bürgerschaft, Günter Althaus, arbeitete seit September 1986 mit Anne-Kathrin Krusche in einer Schule für geistig Behinderte in Rostock-Lichtenhagen. Günter Althaus berichtet: »Anne-Kathrin trat immer bescheiden auf und leistete eine ausgezeichnete Arbeit in einer schwierigen Gruppe von 3- bis 6-jährigen Kindern. Sie war eine junge, hübsche, liebenswerte Kollegin, gerade mal Mitte 20. Sie nahm sich das Leben, nachdem ihr Vater durch die Medien gezogen wurde, weil er seine Kontakte im Interesse der Kirche zum MfS offenbart hatte, um sich an die Seite des diffamierten Brandenburger Ministerpräsidenten Manfred Stolpe zu stellen. Diese Kollegin stand der DDR so kritisch gegenüber, dass sie nicht einmal Gewerkschaftsmitglied war. (In der DDR waren 98 Prozent Gewerkschaftsmitglieder). Es ging ihr um einen besseren Sozialismus, sie setzte große Hoffnungen auf Gorbatschow, das kapitalistische System der BRD lehnte sie ab.«

Das Besondere am geschilderten Todesfall: Es handelt sich dabei um die Tochter des Generalsuperintendenten von Ost-Berlin

Günter Krusche. Er gehörte 1989 zu den Erstunterzeichnern des Aufrufs »Für unser Land«, der sich für die Erhaltung einer sozialistischen DDR und für die Erhaltung der Eigenständigkeit der DDR einsetzte. Das war sicher Grund genug, um nach 1990 von der Gauck-Behörde die Stasi-Hatz zu eröffnen. Als 1992 bekannt gemacht wurde, dass Krusche als IM »Günter« mit der Staatssicherheit zusammengearbeitet hatte, waren sein Schicksal – und offensichtlich auch das seiner feinfühligen Tochter – besiegelt. Günter Krusche wurde in den vorzeitigen Ruhestand versetzt, seine Tochter nahm sich das Leben.

Der Bruder der Toten sah sich veranlasst, in einem öffentlichen Leserbrief an das NEUE DEUTSCHLAND die würdelose Hetzjagd zu enthüllen. In dem Brief heißt es u.a.: »Als Sohn des Generalsuperintendenten Günter Krusche erlebte ich Belagerung durch Journalisten sowie ständige Anrufe weiterer Medienvertreter, die am Tag nach dem Freitod meiner Schwester Anne-Kathrin Einzelheiten von uns erfahren wollten... Ohnmächtig steht man plötzlich vor konstruierten Fakten und kann nicht verhindern, dass ein Mensch mit seiner Entscheidung für den Freitod instrumentalisiert wird, um bei der Jagd auf das Stasi-Phantom ganz vorn dabei zu sein und nebenbei die Verkaufszahlen noch zu erhöhen... Seriöser Journalismus als Beitrag zur Meinungsbildung in der Gesellschaft wird zunehmend uninteressant, dafür zählen die Gier nach Sensation, die Lust auf Rache (die als Recht verkauft wird), die Verdrängung der Gegenwart als Ansatz zur ›Aufarbeitung‹ der Vergangenheit viel mehr. Über die Geschichte der DDR wird von außen entschieden, es gibt nur ein geringes Interesse an wirklichem Verstehen... Meines Erachtens zu Recht wurde die DDR nie als Unrechtsstaat völkerrechtlich gebrandmarkt, welches Interesse steht dahinter, wenn man das jetzt versucht? Jeder DDR-Bürger hat sich auf seine Weise entschieden, diesem Staat zu begegnen: der eine verhandelte, der andere fügte sich. Wer darf wem im Nachhinein die Legitimität seines Handelns absprechen? Ich denke, dass genau hier unsere Aufgabe für eine gemeinsame Zukunft liegt: differenzierte Betrachtung von Vergangenheit und Gegenwart, um gemeinsam Werte für unsere Gesellschaft zu entwickeln. Weder Skandaljournalismus noch Opposition aus Prinzip bringen uns wirklich weiter. – Hans Martin Krusche, Berlin 1136«[10]

Auch dieser Vorfall, kein Anlass für den Theologen Gauck als Stasi-Jäger innezuhalten oder zum Nachdenken zu gelangen. Die Hatz ging weiter. »Er kennt keine Gnade gegenüber manchem Landsmann aus dem Osten. Stolpe, Schorlemmer, Gysi, Hildebrandt, Höppner«[11] sind die nächsten prominenten Gejagten. Und nicht nur diese.[12]

2000, Schriftsteller Jürgen Borchert, Mecklenburg – Suizid mit 65 Jahren

Anlass für seine Verzweiflungstat war, dass seine Zusammenarbeit mit der Staatssicherheit der DDR in unverhältnismäßiger Weise durch die Medien gezerrt wurde. Ja, Borchert hat nach Besuchen in der Bundesrepublik Berichte geschrieben oder auf Band gesprochen. (Das musste jeder, der eine Westreise genehmigt bekam d. A.) Sie betrafen die Wirksamkeit der Reuter-Gesellschaft, die in den 80er Jahren Anstrengungen unternahm, zu Personen und Institutionen in der DDR Kontakt aufzunehmen.

1991, Lehrer Robert Dietzel, Thüringen – Suizid mit 56 Jahren

Der Sohn berichtet: »Mit dem Ende der DDR kam für ihn auch die Auseinandersetzung mit der Tatsache, dass er in seiner Schule Informant für das MfS gewesen war…Nach 1989 erhielt er zunehmend Drohungen…Mein Vater nahm sie sehr ernst und legte 1991 seine IM-Tätigkeit in der Schule offen, was seine Suspendierung zur Folge hatte…Zwei Monate nach seiner Suspendierung kam der nächste Schlag: Das Land Thüringen schloss die Schule – angeblich weil kein Geld dafür vorhanden war. Das verkraftete mein Vater nicht mehr. Er erhängte sich am 11. April 1991.«

1992, Prof. Dr. Gerhard Riege, Jena – Suizid mit 62 Jahren

Prof. Dr. Gerhard Riege – gewählter Abgeordneter der PDS im Deutschen Bundestag –, der selbst Toleranz als Maxime pflegte, erfuhr nach der »Wende« von 1989/90 Ablehnung, Hass, Ausgrenzung und Beleidigung wie nie zuvor. In beschämender Weise bekam Riege das vor allem im Deutschen Bundestag zu spüren, wo seine Reden mit wüsten Beschimpfungen, ordinären Ausdrücken und dümmlichen Einwürfen unterbrochen wurden. Der sensible Riege zerbrach daran ... Als ihm sogar vorgeworfen wurde, ein Informant des Staatssicherheitsdienstes gewesen zu sein, wählte er am 15. Februar 1992 den Freitod.

In seinem Abschiedsbrief formuliert Riege Gedanken, die das Klima widerspiegeln, für das Gauck als oberster Aktenverwalter Mitverantwortung trug und als Präsident trägt: »Mir fehlt die Kraft zum Kämpfen und zum Leben. Sie ist mir mit der neuen Freiheit genommen worden. Ich habe Angst vor der Öffentlichkeit, wie sie von Medien geschaffen wird und gegen die ich mich nicht wehren kann. Ich habe Angst vor dem Hass, der mir im Bundestag entgegenschlägt, aus Mündern und Augen und Haltung von Leuten, die vielleicht nicht einmal ahnen, wie unmoralisch und erbarmungslos das System ist, dem sie sich verschrieben haben. Sie werden den Sieg über uns voll auskosten. Nur die vollständige Hinrichtung ihres Gegners gestattet es ihnen, die Geschichte umzuschreiben und von allen braunen und schwarzen Flecken zu reinigen«.

Was will Gauck bei Bischof Tutu?

Gauck war 1997 auch in Südafrika bei Desmond Tutu, Friedensnobelpreisträger und Vorsitzender der Wahrheits- und Versöhnungskommission Südafrikas. Tutu, hat große Verdienste bei der Aussöhnung zwischen der schwarzen und weißen Bevölkerung des Landes nach schlimmsten Verbrechen in der Zeit der Apartheid-Politik. Was verbindet Tutu und Gauck? »*Südafrika gestand den Tätern Straffreiheit zu, wenn sie sich in einem öffentlichen Verfahren zu ihrer Schuld bekannten. Das war im Kern die Intention der ›Wahrheits- und Versöhnungskommission‹*« – schreibt Gauck.[13] Diese Intention kam für ihn indes nie infrage. »*Die Südafrikaner hatten von völlig anderen Voraussetzungen auszugehen als die Ostdeutschen.*«[14] – betont er. Pfarrer Gauck wollte und will Rache und nicht Versöhnung. Der polnische Historiker Adam Michnik – eine tragende Gestalt der polnischen Opposition – meint: »Ich wünsche den Deutschen mehr Mandela und weniger Joachim Gauck.«[15]

Anmerkungen

1 Artur Amthor a.a.O. S.269f
2 Die vorgenannten Informationen stützen sich auf Angaben von Christian Booß- bis 2006 Pressesprecher der Stasi-Unterlagenbehörde in der SCHWERINER VOLKSZEITUNG vom 26.6.2010 und Werner Mittenzwei »Die Intellektuellen« Verlag Faber &Faber Leipzig 2002 S.443ff.
3 DER SPIEGEL, Nr. 12 vom 19.3.12, S.32
4 RA Dr. Kleine-Cosack, jW v. 2./3.06.12, S.6/7).
5 STERN.DE »Gauck erhielt Privilegien von der Stasi« vom 15.6.2010
6 Erklärung siehe Anlage 3
7 www.focus.de/politik/deutschland/bundespraesident/pressestimmen
8 ICARUS Doppelheft 3 und 4/2006, S.3/4
9 ICARUS S.4
10 Hans-Martin Krusche »Unantastbar – Würde des Menschen oder Freiheit der Presse? Leserbrief ND
11 FINANCIAL TIMES DEUTSCHLAND 19.5.2000 »Lunch mit Gauck«
12 Die nachfolgenden Informationen nach ICARUS a.a.O. S.14ff.
13 Joachim Gauck »Winter im Sommer« a.a.O. S.320
14 ebenda
15 THÜRINGISCHE LANDESZEITUNG 9.7.2011

V. »Die Vorwürfe gegen meinen Vater
waren willkürlich«

Gaucks Vater, seit 1934 Mitglied der NSDAP, wurde am 26. Juni 1951 verhaftet. Für den damals 11-jährigen Joachim Gauck war die Verhaftung seines Vaters offenkundig traumatisch und begründete seinen Hass auf den Kommunismus bis in die Gegenwart mit. Gauck ist bis heute nicht in der Lage, diesen Vorgang rational aufzuarbeiten. In seinen »Erinnerungen« beschreibt er die Ursachen für die Verhaftung seines Vaters so: »*Mein Vater erhielt zweimal 25 Jahre. Die ersten 25 Jahre wegen Spionage für einen Brief, den er von Fritz Löbau erhalten hatte, seinem ehemaligen Vorgesetzten von der Rosslauer Werft, mit dem er 1947 ein Schnellboot für die Sowjets erprobt hatte. Löbau hatte sich in den Westen abgesetzt und meinen Vater zu einem Besuch nach West-Berlin eingeladen, fünfzig Mark Reisegeld lagen dem Brief bei. Obwohl mein Vater nicht reagiert hatte, wurde ihm die Einladung beziehungsweise diese Bekanntschaft zum Verhängnis. Löbau soll mit dem französischen Geheimdienst zusammengearbeitet haben ... Die zweiten 25 Jahre erhielt mein Vater wegen angeblicher antisowjetischer Hetze. Bei einer Hausdurchsuchung war eine legal vom Postzeitungsvertrieb zugestellte nautische Fachzeitschrift aus dem Westen gefunden worden. Die Vorwürfe waren willkürlich und folgten dem Prinzip: Hat man erst eine Person, so findet sich auch ein Delikt.*«[1]

In Vorträgen und Interviews stellt er den Vorgang noch einfacher dar. »*Mein Vater gehörte zur Erprobungsmannschaft eines Werftschiffes, das für die Sowjetunion gebaut wurde. Ein Arbeiter war abgehauen – nach Westberlin. Daraufhin haben die russischen Besatzer entschieden, fünf, sechs Leute zu inhaftieren. Ein Delikt fand sich leicht. Meinem Vater und allen anderen machte man einen kurzen Prozess.*«[2]

So einfach ist das also nach Gauckscher Interpretation: Die bösen Kommunisten verurteilen Vater zu zweimal 25 Jahren Zwangsarbeit, nur weil der gute Mann einen Brief aus dem Westen bekommen hat und eine nautische Fachzeitschrift besaß – und sie machen »kurzen Prozess«.

Die Wahrheit aus russischen Archiven: Gauck senior wurde rechtskräftig verurteilt

Die Wahrheit sieht etwas anders aus. Wir haben uns bemüht, aus sowjetischen Archiven Originalmaterial zum Fall »Gauck senior« zu beschaffen. Das ist nicht gelungen. Wir haben daraufhin beantragt, eine authentische Sekundärquelle nutzen zu dürfen. Der Österreichische Historiker Prof. Dr. Stefan Karner – u.a. Vorsitzender der österreichisch-russischen Historikerkommission und bestimmt kein Kommunist – veröffentlichte in der FAZ vom 12. März 2012 eine umfangreiche Ausarbeitung, der offensichtlich russische Originaldokumente zugrunde liegen.[3] Wir haben bei der FAZ die Rechte zum Erwerb und Nachdruck dieser Dokumentation beantragt, um sie als Anlage beifügen zu können. Nach Zustimmung durch die Abteilung »Verkauf und Nutzungsrechte« musste diese nach Intervention der Redaktion zurückgezogen werden. »Wir bedauern, Ihnen nach Rücksprache mit der Redaktion mitteilen zu müssen, dass der Beitrag nicht für eine Lizensierung zur Verfügung steht. Die Nachdruckrechte können wir Ihnen daher nicht einräumen.«

Aus dem Beitrag von Prof. Karner geht hervor: Der Beschluss zum Haftbefehl gegen Gauck sen. wird nicht willkürlich, sondern ausschließlich auf der Grundlage vorhandenen Aktenmaterials gefasst. Joachim Gauck ging über den Agenten und V-Mann Lars Larson-Naucke eine verbrecherische Verbindung mit dem Residenten der französischen Aufklärung, dem Deutschen Lebau, ein und übergab über Auftrag des Letzteren der französischen Aufklärung in zwei schriftlichen Berichten Spionagemitteilungen über die Schiffswerft »Neptun«, über das Trockendock in Warnemünde und über Bauten in der DDR. Joachim Gauck sen. wird in vier Punkten schuldig gesprochen: in der Hauptanklage »Spionage« (Art. 58/6, Z.1), im »Unterhalten von Beziehungen zu einem ausländischen Staat oder zu einzelnen Vertretern desselben in konterrevolutionärer Absicht« (Art.58/3), für »konterrevolutionäre Propaganda und Agitation« (Art. 58/10) sowie in der »Vorbereitung oder Begehung der nach Artikel 58 strafbaren Handlungen« (Art.58/11).

Welche ideologischen Folgewirkungen die Tragödie mit seinem Vater bei Joachim Gauck jun. auslöste, beschreibt eine ihm offenkundig nahe stehende Reporterin der SÜDDEUTSCHEN ZEITUNG. »Der Vater landete im Gulag und auch sein elfjähriger Sohn war jetzt fürs Leben gekennzeichnet: von Loyalität für den Vater und von Verachtung für die zweite deutsche Diktatur. Den Blick auf die erste hat ihm das für Jahre verstellt.«[4] Der Hofberichterstatter sagt in einem Interview: »Vom Tag der Verschleppung seines Vaters an fühlte sich Joachim Gauck junior ›elementar politisiert‹ – in dieser Zeit entwickelte er sich zum glühenden Antikommunisten.«[5]

Sicher kann niemand die Hand dafür ins Feuer legen, dass Prozesse von Militärgerichten höchsten Rechtsansprüchen genügen. Aber eine willkürliche Verschleppung von Vater Gauck lag auch nicht vor. Es gab auch »keinen kurzen Prozess«. Zwischen Verhaftung des Vaters am 26. Juni 1951, Verurteilung im November 1951 und letztlich Transport in ein sowjetisches Lager am 26. Januar 1952 liegen über 1/2 Jahr, gefüllt mit mehreren Ermittlungen und gerichtlichen Verhandlungen.

Es wird wenig Menschen geben, die in der Zeit des Krieges und danach nicht mit traumatischen Ereignissen konfrontiert wurden.

Als Mit-Autor dieses Buches bin auch ich (Blessing – Jahrgang 1936) mit Kriegserlebnissen konfrontiert worden, die sich tief in das Gedächtnis eingegraben haben. Mit 8 Jahren musste ich aus meiner Geburtsstadt Liegnitz (Niederschlesien) im harten Winter 1945 fliehen. Unterwegs erlebten ich und meine engsten Verwandten barbarische Luftangriffe der britischen und amerikanischen Bomberflotte, Onkel und Tante darunter die vom 13. bis 15. Februar auf Dresden mit 25.000 Toten – sie waren nicht darunter. Mein Vater kam erst vier Jahre nach Kriegsende aus jugoslawischer Kriegsgefangenschaft frei, ohne überhaupt jemals abgeurteilt worden zu sein. Jedoch niemals und unter keinen Umständen kam es mir in den Sinn, aus diesen Kriegswirren einen traumatischen abgrundtiefen Hass auf die »Vertreiber« aus meiner Heimat zu entwickeln, mich Vetriebenen-Verbänden anzuschließen, das System der Alliierten zu verdammen oder die Kommunisten Jugoslawiens.

Welche Denkweise legt ein Mensch an den Tag, der nicht fähig und willens ist, diese persönlichen Erlebnisse historisch einzuordnen? Welche politische Naivität oder Böswilligkeit zeigt er, wenn er nicht zwischen Verursachern und Betroffenen unterscheiden kann? Und wie menschlich verwerflich handelt er, wenn er diese Ereignisse wie eine Monstranz ein Leben lang vor sich her trägt, um daraus nicht nur politisches, sondern auch finanzielles Kapital zu schlagen?

Anmerkungen

1 Gauck »Winter im Sommer« S. 35 und 36
2 Joachim Gauck »Die Entscheidung fiel für ein erprobtes Politikmodell« in: Eckhard Jesse (Hg) »Eine Revolution und ihre Folgen« Ch.Links Verlag 2001, S. 242
3 Die MGB-Akte Joachim Gauck senior vom 12.3.2012 – im FAZ-Archiv unter www.seiten.faz-archiv.de/faz/20120312/fd1201203123427610.html
4 Constanze von Bullion »Die Pflicht zur Kür« – SÜDDEUTSCHE 31.5.2012
5 FOCUS 27.2.2012, S. 24 Norbert Robers »Mensch, Gauck!«

VI. Verschweigen, was missfällt

Gauck hat noch eine andere Methode, wenn er der Wahrheit aus dem Wege gehen will. Der ach so redselige Herr Gauck schweigt. *»Wir kennen aus Vergangenheit und Gegenwart Schweigestrategien und -gebote, tatsächliche und gespielte Amnesien, gelegentlich auch Plädoyers für schnelles Vergessen, um Kräfte für heute und morgen freizusetzen«*, erklärt er in einem Interview.[1] Seine »Informationsstrategie« besteht offensichtlich darin, nur ungenaue Angaben zu ihn wenig auszeichnenden Ereignissen in seinem Leben, seinem Verhalten in bestimmten Situationen und über seine Verwandten zu machen. Er beschränkt sich nicht selten auf unterschiedlich deutbare Allgemeinplätze. Die erkennbar zielorientierte Auskunft über sich und seine Entwicklung beeinflussen aber die Journalisten und seine Biografen. Deren eigene Recherche ist lückenhaft und lässt erkennen, dass auch von ihnen meist bewusst ein geschöntes Porträt gezeichnet und verbreitet wird. (meint die Internetplattform QUERDENKER, www.querdenker.de)

Gauck und »Onkel Schmitt« – ein ehemaliger strammer SA-Führer

In seinem ansonsten so scheinbar poetisch erzählsamen Buch der »Erinnerungen« kommen bestimmte brisante Ereignisse und Personen überhaupt nicht vor. Aus seiner Jugend, von der er so nett auch über viele Verwandte plaudert, den Leser ausführlich am politischen Schicksal seines Vaters teilnehmen lässt, hätten wir auch gern etwas über einen anderen Verwandten erfahren: Onkel Gerhard Schmitt.

Unter dem Titel »Das Geheimnis um den Onkel« recherchierte FOCUS[2] und kam zu erstaunlichen Aussagen. Auch bei FOCUS wurde unser Antrag zum Erwerb und Nachdruck des Artikels von der Chefredaktion abgelehnt. Mit der von Gauck so vehement verherrlichten Meinungs- und Pressefreiheit (»Wo ich jetzt lebe, habe ich Grundrechte, garantiert durch die Verfassung: Gewissensfreiheit, …, Meinungsfreiheit, …, Forschungs- und Veröffentlichungsfreiheit.«[3]) scheint es also in der Praxis der Bundesrepublik nicht zum Besten bestellt zu sein.

Wir publizieren als Auszug: »6. November 1989. Auch in Rostock, in Joachim Gaucks Heimatstadt, sind Zehntausende an diesem Abend bei der Montagsdemonstration … Joachim Gauck, der später als ›Revolutionspfarrer‹ berühmt gewordene Bürgerrechtler ist an diesem Tag nicht bei den Menschen. Von den Reisebeschränkungen ist er nicht so stark betroffen, denn der Kirchenmann Gauck bekommt erstaunlich oft Ausflüge in den Westen genehmigt – ein Traum für jeden normalen DDR-Bürger … Sein Onkel hat Geburtstag … Gerhard Schmitt feiert den 80. – da will sein Neffe unbedingt dabei sein. Denn Schmitt ist einer der wichtigsten Menschen für ihn. ›Er war die Richtschnur in Joachims Leben‹, sagt Schmitts Sohn Jörn-Michael, der Cousin des Präsidentschaftskandidaten.«

Wer ist dieser von Joachim Gauck biografisch verschwiegene »Onkel Schmitt«?[4] Als Theologiestudent trat er 1931 in die NSDAP ein. Gerhard Schmitt war als junger Student ein begeisterter Anhänger von Hitler und wurde bereits am 1. August 1931 in die Partei mit der Mitglieds-Nr. 624169 aufgenommen, vor Gaucks Eltern, die 1932 und 1934 folgten. Schmitt unterbrach sein Studium und wurde Parteifunktionär im Nationalsozialistischen Studentenbund. 1934 war Schmitt hauptamtlicher SA-Gruppenführer in ver-

schiedenen SA-Lagern. Er vermittelte den dort zusammengefass-
ten SA-Männern die faschistische Ideologie. »Das ganze Jahr 1934
war ich als hauptamtlicher SA-Führer in SA-Lagern kaserniert und
habe dort praktisch und weltanschaulich geschult«, schreibt er
1939 in einem Antrag zur Anrechnung seiner Dienstzeit. Seit 1943
ist Schmitt Marinepfarrer in Memel. Im Dezember 1944 schreibt
er in einem Brief an seine Frau: »Übermorgen habe ich Exekution.
Dann einen Tag später mache ich mit dem Motorrad eine Fahrt…
Dort beginne ich mit meinem Adventsabendmahlgottesdienst.«[5]

1945 wird Schmitt Pastor im mecklenburgischen Sanitz. Er
wurde von der Evangelisch-Lutherischen Kirche vorher »ent-
nazifiziert«. Er hat Fürsprecher, die dafür sorgen, dass er in der
Spruchkammer noch nicht einmal angehört wird. Ab 1951 arbeitete er als Domprediger in Güstrow. In diesem Amt traute er
auch seinen Neffen Joachim Gauck und »Hansi« Radtke gegen
den ausdrücklichen Wunsch von Gaucks Vater. Schmitt schaffte
es bis zum Generalsuperintendenten von Ost-Berlin und gehörte
zu den reaktionärsten Kräften der evangelischen Landeskirche
Berlin-Brandenburg. Er hatte entscheidenden Einfluss auf die
antikommunistische Prägung Gaucks. Schmitts Sohn erinnert
sich: »Ein Ersatz war mein Vater nicht, aber nach der Verhaftung von Gaucks Vater wurde immer er, wenn es Schwierigkeiten
gab, angerufen.« Als FOCUS bei Gauck anfragt, warum der Onkel
Schmitt in den »Erinnerungen« so gut wie keine Rolle spielt, lässt
er durch sein Büro antworten: »Schmitt gehörte zu den Personen,
die Gauck zwischen dem 15. und 18. Lebensjahr eine positive Beziehung zur Kirche und zum Pastorenberuf ermöglicht haben.«
Schmitts Sohn Jörn-Michael ist verwundert. Viele Verwandte und
Bekannte, die die Erinnerungen gelesen hätten, seien erstaunt
über die mangelnde Erwähnung seines Vaters. Warum sein Cousin so handelt, ist für ihn ein Rätsel. »Im privaten Kreis redet er
gern über ihn.«[6]

Gaucks »rechtes« Gedankengut

Die rechten Blätter feierten: »Die Nominierung Gaucks ist ein Glücksgriff... Joachim Gauck – trotz konservativer Färbung keinem politischen Lager eindeutig zugehörig – ist es zuzutrauen, die Aussöhnung der Deutschen mit sich und ihrer Geschichte zu forcieren. Sein Plädoyer für Vaterlandsliebe und Freiheitswillen, sein beispielloser Patriotismus könnten die Normalisierung unserer Nation befördern. Von ihm sind intellektuelle Impulse, geschichtspolitische Akzente zu erwarten, kurz: eine geistig-moralische Führung.«[7]

Wie diese geistig-moralische Führung – sicher ganz im Geiste der rechten Unterstützer – aussieht, belegen wir mit geradezu unglaublichen und fast unzumutbaren Aussagen von Joachim Gauck über die »beiden deutschen Diktaturen«: *»Insgesamt erfüllt*

Die »National-Zeitung« und die »Junge Freiheit« bejubeln die Wahl Gaucks

es mich mit Genugtuung, dass wir ein Spezialgesetz (Stasi-Unterlagengesetz) geschaffen haben, das zur Delegitimierung der vergangenen Diktatur beigetragen hat. Ähnliches hatten die Alliierten nach dem zweiten Weltkrieg im Sinn, als sie in Nürnberg ein spezielles Tribunal errichteten, vor dem ›Verbrechen gegen den Frieden und die Menschlichkeit‹ verhandelt wurden … ›Es war doch nicht alles schlecht beim Führer!‹, sagten die Großeltern. Und ein Teil der Eltern heute: ›Unrechtsstaat? Es war doch nicht alles schlecht am Sozialismus!‹ Sie wollten und wollen sich schützen vor der Scham, mitgemacht, zugeschaut, weggeschaut oder gar nichts bemerkt zu haben.«[8]

Mit dieser Version zieht Gauck durch die Lande – und ist stolz darauf. In einer ZDF-Sendung kann man ihn vor Studenten der Universität Passau hören:

Gauck vor Studenten: »Unsere Ossi-Herzchen«
Bericht aus der Uni Passau – Originalton ZDF vom 27.9.2000
»Die Ossis, die sich jetzt immer nicht erinnern können, dass da was gewesen ist, die werden einen genau so langen Weg haben zur Freiheit des Geistes wie jene Nachkriegsdeutschen, die auch immer nur sagten: Es ist nicht alles schlecht gewesen beim Führer, er hat sogar die Autobahnen gebaut und Vollbeschäftigung und keine Kriminalität – und das können doch unsere Ossi-Herzchen auch, das können sie auch, sie haben statt Autobahnen jetzt Kindergärten – und in jedem Vortrag bringe ich das Beispiel, weil mich das wirklich anwidert, wie groß der Teil der Leute ist, die sich zurück wenden und eigentlich nur das Positive sehen.«

Eine ältere Dame aus Bayern meint zum Vortrag des Herrn Gauck: »Das hat mich sehr beeindruckt.« Eine junge Studentin – ohne bayerischen Dialekt – sagt: »Vergangenheit ist Vergangenheit. Ich glaube, darauf lässt sich keine gute Zukunft aufbauen.«

Davon unbeirrt schreibt und redet Gauck sich seinen Hass auf das System der »Ossi-Herzchen« vom Leibe: »*Letztlich war der*

Umgang mit der Vergangenheit der DDR nach 1989 weit maßvoller als der Umgang in den Westzonen mit der Nazi-Vergangenheit unmittelbar nach dem Krieg.«[9] »Im Westen währte die braune Diktatur 12 Jahre, im Osten aber kamen noch 44 rote Jahre dazu. Die Länge der Dauer der Ohnmacht spielt eine Rolle.«[10] »Eine nüchterne Betrachtung der politischen Verhältnisse wird dennoch zu einem Urteil gelangen, das den Kommunismus ebenso als totalitär einstuft wie den Nationalsozialismus.«[11]

»Dieses System als absolutistisch oder despotisch zu beschreiben, scheint mir nicht ausreichend. Wir stehen vor gigantischen Menschheitsverbrechen, und bei allem Streit um Definitionen darf nicht verkannt werden, dass mit beiden Systemen – Nationalsozialismus und Kommunismus – in diesem Jahrhundert ein Quantensprung ins Negative erfolgt ist.«[12]

»Man muss sich klar machen, dass in Ostdeutschland nicht zwölf, sondern 44 weitere Jahre Diktatur herrschte. Wenn man in der Schule niemals eine Klassensprecherin, stattdessen immer nur die HJ-Führer

Gauck an der Uni Passau – ZDF-Sendung vom 27.9.2000

und FDJ-Sekretäre gewählt hat ... dann konnte das Bürger-Sein nicht eingeübt werden.« [13]

Der Pressedienst der Schlesischen Landsmannschaft lobt den damaligen Präsidentschaftskandidaten Gauck über den grünen Klee. Der Grund: Gauck meint, dass es an der Zeit ist, die »Opferrolle« der Deutschen stärker zu betonen. Kurz vor der Wahl zum Bundespräsidenten wird über Gauck berichtet: »Er forderte deshalb den Respekt vor den Deutschen ein, die stärker als andere Opfer geworden sind. Gauck forderte das Thema Vertreibung wieder als Thema für eine neue Generation in Deutschland zu machen. Nach 40 Jahren Aufarbeitungsbemühung und -kultur sieht Gauck es positiv, wenn auch Deutsche heute in Einrichtungen und Ausstellungen als Opfer zu sehen sind. Auf die Frage, ob die Mehrheit der Deutschen jetzt reif ist auch für die Hinwendung zu den deutschen Opfern und zum Patriotismus, antwortete er mit einem schlichten: ›So sehe ich das‹«.[14]

Die Vereinigung der Verfolgten des Naziregimes VVN-BdA NRW berichtet wie in logischer Konsequenz dieser Position, die Gedenkstätte in Torgau umgestaltet wurde. »Am 9. Mai 2004 ließ es sich Joachim Gauck nicht nehmen, in Torgau eine Gedenkstätte zu eröffnen, in welcher Opfer und Täter des NS-Systems durch ihn gleichermaßen geehrt wurden. Dort wurde im Sinne des außerhalb Sachsens allgemein abgelehnten sächsischen Gedenkstättengesetzes und der Faschismus und Kommunismus gleich machenden ›Totalitarismustheorie‹ eine Gedenkstätte auch für die nach 1945 eingesessenen Nazis geschaffen, von denen eine Reihe wegen ihrer Verbrechen zum Tode verurteilt worden waren. Zu diesem Zwecke wurde eine Ausstellung für die Täter geschaffen, während die Ausstellung über die Opfer eingeschränkt wurde ... Gauck ließ es sich nicht nehmen, dabei mitzuwirken, aus der Gedenkstätte für die Opfer der Wehrmachtsjustiz in Torgau eine Gedenkstätte auch für die NS-Täter zu machen.«

Karlen Vesper erinnert im Neuen Deutschland an einen weiteren ungeheuerlichen Vergleich Gaucks mit den »Sozialistischen Globkes.« Ausspruch des Herrn Gauck: »*Wir konnten nicht zulassen, dass die sozialistischen Globkes in ihren Ämtern und Positionen in Staat und Gesellschaft blieben.*«[15] Eine Leser-Antwort: »Gauck, Jahrgang 1940, studierter Theologe, Jugend- und Studentenpfarrer plappert nicht unbedacht von ›sozialistischen Globkes‹. Hier wurde – in voller Kenntnis der Vergangenheit kalkuliert ein vergifteter Pfeil aus dem Köcher gezogen, um das faschistische Mordregime in den Jahren 1933 bis 1945 auf eine Stufe mit der DDR zu stellen … Im Ringen um die perfideste Deutung der ›ehemaligen DDR‹ hat Gauck im Olymp der Totalitarismusdoktrinäre seinen Platz erworben.«[16]

Revanchistische Gedanken verbreitet Gauck auch, was er natürlich vehement bestreitet. In einem Interview mit der SÄCHSISCHEN ZEITUNG meint er: »*Es hieß beispielsweise, ich sei gegen die*

Gauck in der Sendung bei Günter Gauss – SAT 1-Sendung vom 25.11.1991

Oder-Neiße-Grenze. *Da hatte eine als Intellektuelle aus Ostberlin be-kannte...Daniela Dahn...ein Zitat von mir falsch gelesen. So etwas tauchte dann wieder auf. Das war wirklich unwürdig.*«[17] Lesen wir also ganz würdig und ungekürzt in seinem 1999 erschienenen Nachwort zum berüchtigten »Schwarzbuch des Kommunismus«, was Herr Gauck zur Oder-Neiße-Grenze zu sagen hat: »*Unbeliebt machten sich die Kommunisten auch, als sie Stalins Territorialforderun-gen nachgaben, die Westverschiebung Polens und damit den Verlust der deutschen Ostgebiete guthießen. Nicht nur, dass die SBZ sich schwertat, den hohen Prozentsatz von ›Umsiedlern‹ zu integrieren, die in Mecklen-burg und Brandenburg ein Drittel bis die Hälfte der Bevölkerung bildeten. Einheimischen wie Vertriebenen galt der Verlust der Heimat als grobes Unrecht, das die Kommunisten noch zementierten, als sie 1950 die Oder-Neiße-Grenze als neue deutsche Staatsgrenze akzeptierten.*«[18]

Von Jalta und Potsdam nie etwas gehört, Herr Präsident?

Das deutsche Volk hat ein Recht darauf, vom ersten Repräsen-tanten dieses Landes klipp und klar zu erfahren: Wie stehen Sie als Bundespräsident zur Bewältigung der NS-Vergangenheit?

Uns ist bekannt, dass der Fernsehjournalist Günter Gaus in sei-ner SAT 1-Sendung »Zur Person« Ihnen mit Fragen auf den Zahn gefühlt hat, die eine klare Antwort erfordert hätten. Stattdessen kommt von Ihnen ein hilf- und niveauloses Gestammel.

Günter Gaus »Zur Person« – Originalton der SAT 1-Sendung vom 25. November 1991 – Auszüge

Gaus: Haben Sie ein Urteil über jene politischen Kräfte der al-ten Bundesrepublik, dass die 1949 nicht nur hinnahmen, sondern öffentlich vertraten, dass Hans Globke – einst im NS-Innenminis-terium Mitverfasser der antijüdischen Rassengesetze – als Staats-sekretär engster Vertrauter von Bundeskanzler Adenauer wurde?

Gauck: *Schon die Erinnerung daran macht mir schwer zu schaffen. Ich glaube, dass die Akzeptanz des Rechtsstaates durch viele Menschen,* die in diesem Teil Deutschlands lebten, darunter überaus stark gelitten hat. Und wenn wir jetzt anders verfahren wollen, liegt das unter anderem daran, dass wir ja auch aus der mangelnden Bereitschaft der Vergangenheit zu begegnen, heute lernen wollen.

Gaus: Wie erklären Sie, dass seinerzeit in Politik und Wirtschaft in Westdeutschland die Selbstreinigung von der nationalsozialistischen Zeit weitgehend oberflächlich blieb und personell wenig konsequent war?

Gauck (seufzend und stammelnd): *Hm, ich habe darüber viel nachgedacht. Und ich bin zum Beispiel nicht sicher, ob das richtig ist –äh – was Mitscherlich – äh – mit der Unfähigkeit der Deutschen zur Trauer beschrieben hat. – Pause – Ich frag mich manchmal heute, ob wenn man Auschwitz erlebt hat, und sich dazu stellen muss als Überlebender und diese ganzen Leichenberge hinter sich hatte und dieses Unmaß an Schuld, ob man dann so etwas wie dieses Atemholen brauchte, man konnte vielleicht dem nicht gleich ins Auge gucken. Da mussten Deutsche hingeführt werden. Die Engländer haben die Deutschen in Weimar dorthin geführt, wo sie vielleicht freiwillig nicht hingegangen wären – (hebt resignierend die Hände).*

Gaus: ... Ich habe nicht den Eindruck gehabt, ich bin Jahrgang 1929, dass die Deutschen, viele Deutsche, das alle Deutschen, die man dorthin führte, stark beeindruckt waren.

Gauck: *Ja, das war zu dicht. Da war zu viel Schuld zu dicht, glaube ich, und ich – wissen Sie es ekelt mich, mir das vorzustellen. Nur ich weiß nicht, wie ich mich verhalten hätte, wenn ich damals Soldat gewesen wäre und gedacht hätte, ich, ich mache was und ich taste ja nach Antworten, warum wollte man dahin, wo in Capri die rote Sonne im Meer versinkt und alle möglichen anderen schönen Dinge, statt mich umzuwenden und einem ...*

Gaus: Ist das den Westdeutschen schlecht bekommen?

Gauck: *Ja, es ist ein Konflikt verdrängt worden. Und dieser Konflikt, der ist aber nicht gestorben, sondern in den Wirren der 68-er Jahre sind* die Söhne und Töchter derer, die sich nicht umdrehen wollten, mit einer derartigen Wut erfüllt worden, die sich aus den realen politischen Verhältnissen dieser Zeit überhaupt nicht erklären lassen.

Gaus: ... Ich frage, ob der jetzt dringendere Ruf nach Abrechnung nach Ihrer Meinung ... auch zu tun haben könnte, dass es sich jetzt um eine Abrechnung mit links handelt, während es sich nach 1945 um eine Abrechnung mit rechts gehandelt hat?

Gauck: *Es gibt solche Menschen, ja, aber es bedeutet für mich nichts, ob die das so denken oder nicht. Was mich treibt und meine politischen Freunde, und was die Mehrheit aus allen Lagern in der Volkskammer beschlossen hat, ist, dass wir dieses Unrecht, was wir hier konkret Jahrzehnte erlebt haben, in dieser Form wie die Stasi es zubereitet hat, nicht unangeschaut lassen wollen. Wir wollen daraus politische Konsequenzen.*

Im Klartext: Für eine Aufarbeitung der NS-Verbrechen war »der Abstand zu kurz«, Aufarbeitung mit rechts »bedeutet mir nichts«, aber für Stasi-Unrecht »brauchen wir jetzt politische Konsequenzen«. **Unsere Frage:** Wie sollen diese Konsequenzen Ihrer Meinung nach aussehen, Herr Gauck? Sind Sie – wie mehrfach ausgesagt – tatsächlich der Meinung, dass Bürger des Landes in dem Sie groß geworden, gelebt und gearbeitet haben, wie nach den Nürnberger Gesetzen zu behandeln sind? Fordern Sie ernsthaft, DDR-Vergangenheit wie NS-Vergangenheit »aufzuarbeiten«?

Damit man uns recht versteht. Kein rational und historisch denkender Mensch wird bestreiten, dass es in der DDR »Demokratiedefizite« gegeben hat, dass die »Diktatur des Proletariats« mit der verfassungsmäßig festgeschriebenen Führungsrolle der Partei das geistige und politische Leben in unzumutbarer Weise dominiert und reglementiert hat. Wer aber daraus einen auch nur irgendwie gearteten Vergleich mit dem faschistischen Deutschland mit seinem Holocaust und 60 Millionen Kriegstoten zieht, stellt sich außerhalb jedweder sachlichen und verantwortungsbewussten Geschichtsaufarbeitung mit sehr durchsichtigen politischen Ambitionen.

Der Dresdener Historiker Prof. Dr. Horst Schneider schrieb uns: »Würde Gauck, etwas geschichtliche Bildung vorausgesetzt, vergleichen, müsste er stutzig werden. Waren es nicht die Kommunisten, die schon vor 1933 vor einer Herrschaft der Faschisten warnten? War es nicht Ernst Thälmann, der 1932 als Präsidentschaftskandidat prophezeite: Wer Hindenburg wählt, wählt Hitler. Wer Hitler wählt, wählt den Krieg! War es nicht Otto Dibelius, der den symbolischen Akt mit Hindenburg und Hitler am ›Tag von Potsdam‹ segnete? Welcher katholische oder protestantische Bischof hat zum Widerstand gegen Hitler und den Krieg aufgerufen, wie das die Kommunisten – und 1944 einige Offiziere, die den Kriegsausgang voraussahen – aufopferungsvoll taten?«

Ist Joachim Gauck mit derartig verschwommenen Positionen zur Vergangenheit als Präsident überhaupt in der Lage, klare Positionen zu Umtrieben rechter Gruppierungen in der Gegenwart zu beziehen? Wie ernsthaft sind Gaucks Pathos und die Verurteilung der rechten Szene im Zusammenhang mit den NSU-Morden gemeint? »Angehörige fordern Aufklärung statt Mitleidsbekundung«, heißt es. Benennung der Ursachen und Verantwortlichen statt äußerlicher Betroffenheit ist gefordert.

Kann das ein Mensch, dessen nicht verarbeitete Vergangenheit sich bis zum Holocaust hinzieht? In einem Vortrag vor der Bosch-Stiftung vom 28. März 2006 erklärt Gauck: »*Nicht nur aus deutscher oder jüdischer Sicht ist die Erinnerung, Vergegenwärtigung und Darstellung des Holocaust von zentraler Bedeutung. Allerdings wird sich in den kommenden Jahren zeigen, welche Art des Erinnerns und Gedenkens von nachhaltiger Bedeutung sein wird. Nur am Rande sei die Gefahr der Trivialisierung des Holocaustgedenkens erwähnt. Unübersehbar gibt es eine Tendenz der Entweltlichung des Holocaust. Das geschieht dann, wenn das Geschehen des deutschen Judenmordes in eine Einzigartigkeit überhöht wird, die letztlich dem Verstehen und der Analyse entzogen ist. Offensichtlich suchen bestimmte Milieus postreligiöser Gesellschaften nach der Dimension der Absolutheit, nach dem Element des Erschauerns vor dem Unsagbaren.«*[19]

Es fällt schwer, einen rationalen Gedankengang aus diesen rhetorisch überhöhten Äußerungen heraus zu filtern, auch wenn man den Redeschwall noch weiter liest. Deshalb hat sich über diese Rede auch ein heftiger Disput entwickelt.[20] Fakt bleibt: Die Einzigartigkeit des Holocaust wird von einem Deutschen, der nunmehr Bundespräsident ist, in Zweifel gezogen. Ideologisch wird das unsagbare Geschehen zur »Ersatzreligion« der Gottlosen trivialisiert.

Wen wundert es? »Gauck musste Student werden, um in Kirchengruppen auf den Holocaust zu stoßen. Und er war fast 40 Jahre alt (also im Jahre 1980!), als er seine Eltern zum ersten Mal berührt sah vom Judenmord. Vor dem Fernseher. Da lief ›Holocaust‹ ... Wie viele Oppositionelle der DDR hat er ein halbes Leben damit verbracht, die Verbrechen der Stalinisten und ihrer Erben in den Blick der Welt zu rücken. Die des Nationalsozialismus will er nicht relativieren. Aber er hat aus ihnen etwas andere Lehren gezogen, als es in der Bundesrepublik üblich war.«[21]

Jutta Ditfurth resümiert in einem »Freien Beitrag«: »Dem Krieg in Afghanistan hat Gauck die Treue gehalten, denn auch dieser Christ ist ein Krieger. In der Vertriebenenfrage ist der künftige Bundespräsident ein Kumpan von Erika Steinbach und hat Probleme mit der polnischen Westgrenze. Was er von Demokratie und Humanismus hält, verrät er, indem er für Verfassungsschutzüberwachung der Linkspartei eintritt und den Ideologen des Rassismus der Mitte, Thilo Sarrazin, ›mutig‹ findet. Hat jemand je eine scharfe und überzeugende Kritik an Nazis von ihm gehört?«

Pastor Gauck und das sechste Gebot:
Du sollst nicht ehebrechen

Was heißt das? Wir sollen Gott fürchten und lieben, dass wir keusch und zuchtvoll leben in Worten und Werken und in der Ehe einander lieben und ehren.

Es gehört nicht zu unseren Absichten, in Gaucks Privatleben herum zu stochern. Seine »Erinnerungen« geben jedoch einen Einblick in das Innenleben des Pfarrers Gauck. Für die Frau, mit der er seit 1959 bis heute verheiratet ist, die nach wie vor stolz seinen Ehering trägt, hat er über die Gründe seiner Trennung folgende Sätze übrig: »*Ich war bereits fünfzig. Ich wechselte den Ort, den Beruf, und ich trennte mich von meiner Frau. Schon längere Zeit hatte unsere Ehe einem Krisenmanagement geglichen, mal ging es besser, mal schlechter. Die Erwartungen, die jeder an den anderen stellte, waren wohl zu groß. Wir hatten uns als sehr junge Menschen mit sehr idealistischen Vorstellungen zusammengetan, waren mit zwanzig Jahren zum ersten Mal Eltern und mit vierzig Großeltern geworden. Als die großen Kinder aus dem Haus waren, wurde immer deutlicher, dass der Vorrat an Gemeinsamkeiten wie das notwendige Maß an Auseinandersetzungen fehlten. Was symbiotisch begonnen hatte, war nicht in einen Prozess des gemeinsamen Reifens übergegangen. Im DDR-Alltag war mir trotz Krisen eine Trennung nie in den Sinn gekommen, zumal mir das Gelöbnis eines lebenslangen Bundes als selbstverständliche Verpflichtung erschien. Der Aufbruch im politischen Bereich hat dann aber auch im Privatleben einen Abschied herbeigeführt. So vermischten sich die Glücksgefühle aus der neuen Hyperaktivität mit der Trauer über das Ende einer nicht gelungenen Ehe.*« [22]

Die neue »Lebensgefährtin«, heutige Hausherrin von Schloss Bellevue, spielt in der »Erinnerungen« von Herrn Gauck überhaupt keine Rolle. Nach 20 Jahren Trennung von der Ehefrau und vielen Jahren Leben mit einer anderen Frau bestehen immer noch keine klaren Verhältnisse. Freimütig bekennt Gauck: »*Wir spüren die tiefe Sehnsucht danach, ungebunden zu sein, nicht kommandiert zu werden, selbst unsere Maßstäbe zu bestimmen und zu setzen:...Ich möchte diese Frau küssen und umarmen und heiraten, wann ich will.*«[23]

Aus der Hofberichterstattung kann man folgendes erfahren: »Seine Offenheit schließt auch die Brüche und Konflikte in der Familie ein...Wie steht es um seine Beziehung zu seiner Ehefrau ›Hansi‹, die nach wie vor in Rostock lebt? Er ist mit ihr längst im Reinen. Scheidung? Im Hinterkopf wird er sich die Frage stellen: Warum eigentlich – warum jetzt? ›Wir sind alle miteinander auf gutem Fuß‹, betont Gaucks Lebensgefährtin Daniela Schadt. Die 52-jährige Journalistin und künftige Erste Frau im Staate findet ›die Lebensverhältnisse in unserer Familie gar nicht so ungeordnet, wie immer behauptet wird. Am Familienstand müsse sich vorerst nichts ändern‹.«[24]

Joachim Gauck mit seiner Lebenspartnerin Daniela Schadt vor dem Schloss Bellevue

Sohn Christian Gauck sieht die familiären Verhältnisse ebenfalls als normal an. **Frage:** Nun fordern einige, dass er als Bundespräsident seine Verhältnisse ordnen müsse. Wie sehen Sie das und wie reagiert er darauf? **Antwort:** »Seine Verhältnisse sind ja nicht ungeordnet, sondern nur anders geordnet. Dafür gibt es einen Terminus in Deutschland, der lautet: dauernd getrennt leben. Er macht sich Gedanken über eine Hochzeit, aber er hat wohl noch keine Entscheidung gefällt. Hierzulande dürfte seine Art des Zusammenlebens heute nun wirklich kein Problem mehr sein, aber als Präsident kommt er auch in Länder, in denen andere moralische Maßstäbe gelten.«[25]

Seine Tochter, Gesine Lange, geb. Gauck, stimmt das gleiche Lied an: »Die Verhältnisse sind geordnet. Nur eben anders...Die Scheidung war und ist nicht notwendig. Für die Drei ist es Richtig, wie es jetzt gerade ist.«[26]

Die »Verlassene« trägt immer noch Ehering, spricht von »ihrem Mann«, ist stolz auf ihn als Bundespräsident. Im einzigen Interview der »Verlassenen«[27] klingt es durch. **Frage**: »Kennen Sie die First Lady persönlich? **Antwort:** »Wir sind uns schon mal begegnet.« **Frage**: »Wie ist der Kontakt zwischen Ihnen und Ihrem Mann?« **Antwort:** »Nicht eng. Wir telefonieren, aber nicht so oft. Bei vier Kindern und so vielen Enkeln bleibt es gar nicht aus, dass wir Kontakt haben. Ich habe Jochens Handynummer. Wenn etwas Wichtiges wäre, könnte ich ihn sofort erreichen. Aber ich rufe ihn nicht einfach mal so an, um ihn zu fragen, wie es ihm geht. Ich bemühe mich seit vielen Jahren, dass er nicht mehr wichtig ist für mich. Ich muss ja seit 20 Jahren allein leben. Das musste ich mir hart erkämpfen. Aber natürlich werde ich oft an ihn erinnert, weil ich ihn jetzt oft im Fernsehen sehe.« **Frage:** »Schmerzt Sie das?« **Antwort:** »Man wird dauernd mit der Vergangenheit konfrontiert. Das war vorher natürlich nicht so. Da war mein Mann weg. Ich musste erst lernen, dass er weg ist. Nun ist er aber wieder dauernd da. Es ist schwierig. Aber natürlich freue ich mich für ihn, dass er dieses Amt bekommen hat. Er mag es und er kann es. Er war in der Schule schon so.«

Wie gesagt, wir stochern nicht im Privatleben des »Präsidenten der Herzen«. Aber was ist das für ein modernes Staatswesen im Herzen Europas, an dessen Spitze ein verheirateter Mann steht, aber dessen Geliebte die First Lady ist?

CSU-Familienpolitiker Norbert Geis hatte den Kandidaten für das Amt des Bundespräsidenten, Joachim Gauck, vor dessen Wahl aufgefordert, seine persönlichen Beziehungen zu klären. »Es dürfte wohl im Interesse des Herrn Gauck selbst sein, seine persönlichen Verhältnisse so schnell als möglich zu ordnen, damit insoweit keine Angriffsfläche geboten wird.« [28] Die Diskussion hielt jedoch nicht lange an. Dieter Wiefelspütz, Innenexperte der SPD, erklärt: »Ich kann meinem Freund Norbert Geis nur zurufen: Halt den Mund.« Volker Beck von den Grünen sagt: »Wie Herr Gauck sein Privatleben lebt, geht niemanden etwas an.«[29] Wirklich? Als Präsident der Bundesrepublik Deutschland?

Interessant ist in diesem Zusammenhang eine Meldung der Presse aus den letzten Tagen über das »unwürdige Privatleben eines Pfarrers«... »Einer der obersten Würdenträger der Evangelischen Kirche in Deutschland (EKD), der Berliner Pfarrer... steht wegen seines Privatlebens in der Kritik. Der Rat der EKD, das höchste Führungsgremium der evangelischen Kirche, hat Ende März ein ›Disziplinarisches Ermittlungsverfahren‹ eingeleitet. Das Verfahren soll Vorwürfe im Zusammenhang mit der ›Lebensführung‹ des Prälaten aufklären... In Kirchenkreisen wird vermutet, dass die Vorwürfe mit Beziehungen zu Mitarbeiterinnen der Kirche zu tun haben. Zwar lebt... seit Jahren von seiner Frau getrennt, er ist aber nicht geschieden. Außereheliche Beziehungen indes duldet das Pfarrdienstgesetz nicht.« Inzwischen lässt der evangelische Prälat seine Ämter wegen »amouröser Beziehungen im dienstlichen Umfeld« ruhen. Was duldet die »Präsidialordnung« für einen ehemaligen Pfarrer an der Spitze des Staates?

Auch das Interview des Bundespräsidenten gegenüber dem SPIEGEL anlässlich seines einjährigen Dienstjubiläums ist aufschlussreich. Darin locken die Redakteure – bewusst oder unbewusst – den Präsidenten aufs Glatteis.

Der Spiegel: War der öffentliche Umgang mit Rainer Brüderle in den vergangenen Wochen scharf oder unfair?

Gauck: *Wenn so ein Tugendfuror herrscht, bin ich weniger moralisch, als man es von mir als ehemaligem Pfarrer vielleicht erwarten würde.«*[30]

Die Reporter des SPIEGEL haben es leider versäumt, beim Herrn Präsidenten nachzufragen, wie denn dieser Satz zu verstehen ist. An dieser Stelle wäre es vielleicht spannend geworden. Im Internet findet man bei FINANZNACHRICHTEN folgende Mitteilung: »Unter anderem ist in der Akte von einem unbestätigten Bericht die Rede, wonach Gaucks Ehefrau sehr ungehalten gewesen sein soll, weil ihr Mann eine intime Beziehung zu einer Theologiestudentin unterhalten haben soll, die nicht (mehr) in der DDR lebte.«[31]

Der gierige Gauck – Empfänge, Lesungen, Ehrungen

Das NDR-Satiremagazin EXTRA 3 überschrieb das Foto mit den Worten »Die Party geht weiter«.[32] Der Hofberichterstatter schreibt: »Bürger Gauck reist fortan durch die Welt, als Aufklärer, Mahner und Seelendoktor ... Joachim Gauck bekommt mehr und mehr ein Gefühl dafür, was ihm am meisten liegt: Lesungen. Die Szenerie ist meist denkbar schlicht, ein Tisch, ein Stuhl, ein Glas Wasser ... Er spürt, dass das ankommt, er genießt Zuspruch, der mitunter in Verehrung umschlägt.«[33] Gauck selbst: *»Ich hatte vorher meine Verabredungen, hatte Buchlesungen und Vorträge als Ehrenamtlicher. Und plötzlich dieses Maß an Zustimmung. Also das war schon überwältigend.«*[34]

Das Bild zeigt Gauck, Maschmeyer und Ferres auf der »VDZ Publisher's Night« am 18.11.2010, einer Veranstaltung des Verbandes Deutscher Zeitschriftenverleger[35]

Der Bochumer Atriumtalk für 25.000 Euro

Aber für ein ehrenamtliches Glas Wasser gibt es wohl die Verehrung doch nicht. Der erste PR-Gag ist nun heraus gekommen. Es war allerdings nicht Maschmeyer. Am 5.11.2012 geht folgende Meldung durch die Medien: »Auch Joachim Gauck hat vor seiner Zeit als Bundespräsident so wie SPD-Kanzlerkandidat Peer Steinbrück an einem ›Atriumtalk‹ der Bochumer Stadtwerke teilgenommen. Nach Angaben des Senders RTL erhielt Gauck ebenfalls 25.000 Euro Honorar für seinen Auftritt. Ein Sprecher des Bundespräsidialamtes erklärte gegenüber RTL, das heutige Staatsoberhaupt habe am 11.12.2010 als ›Bürger Gauck‹ an der Veranstaltung teilgenommen. Zwischen ihm und der Agentur Hellen Media Projekte sei ein Honorar von 25.000 Euro verabredet worden. Eine Auflage, wie der Betrag zu verwenden sei, sei in der Vereinbarung nicht enthalten gewesen. Zur Verwendung der Summe könne er keine Angaben machen, erklärte der Sprecher. Über Details seiner Privateinkünfte möchte Joachim Gauck keine Auskunft geben. Er habe aber in der Vergangenheit immer regelmäßig für karitative Zwecke gespendet.«[36]

Der teure Auftritt des Herrn Gauck erfolgt zu einem Zeitpunkt, als die Stadt Bochum bereits hoffnungslos überschuldet ist. »Ein Schulden-Tsunami bedroht den Bochumer Haushalt« hätte der hochdotierte Vielredner bereits damals nachlesen können: »Die Haushaltssituation der Stadt Bochum spitzt sich immer noch weiter zu. Im Ergebnis des Jahresabschlusses 2009 beläuft sich das Defizit mittlerweile auf rund 180 Millionen Euro... Der Bochumer Haushalt wird nun also von einem regelrechten Schulden-Tsunami bedroht. Und wenn jetzt nicht gegengesteuert wird, wird uns diese Flutwelle voll erfassen. Ganze Strukturen z.B. im Sozial- und Jugendbereich könnten dann weggespült werden.«[37] Diese Lage war dem Redner Gauck offensichtlich »völlig unbekannt« oder interessierte ihn nicht im Geringsten. Natürlich hätte ein Verzicht auf seine astronomische Gage nicht den Haushalt Bochums gerettet, aber ein Zeichen zu setzen, wäre es allemal gewesen. Wie sprach Gauck als Präsident? »*Anstand im Wirtschaftsleben ist wichtig... Gefährlich wird ja erst die blanke Gier, das Mehrwollen um jeden Preis. Zivilisierung der Gier aber schafft diesen aufgeklärten Kapitalismus, der unseren Gesellschaften Zukunft gibt.*«[38]

Was war der kommunalen Einrichtung Bochumer Stadtwerke so viel Geld wert? Aus der Pressemeldung vom 13.12.2010 über den Gauck-Talk kann man erfahren: »Es war ein Atrium-Talk der besonderen Art: Die persönlichen Einblicke des evangelischen Pastors und Publizisten, Joachim Gauck, fesselten die Zuhörer von der ersten Minute an ... Zustände, die heute unvorstellbar klingen, wurden, dank der rührenden Worte des Bundespräsidentschaftskandidaten, den Gästen in Erinnerung gerufen: ›Meine Kinder durften kein Abitur machen und ihnen wurden berufliche Perspektiven genommen, weil sie nicht der Partei angehören wollten‹, schildert Zeitzeuge Gauck die früheren Erlebnisse.«[39]

Selbst in Gaucks Erinnerungen liest sich der Vorgang etwas anders: Sohn Martin war irgendwie froh darüber, nach der zehnten Klasse nicht mehr in die »disziplinierende sozialistische Schule« gehen zu müssen. Sohn Christian hat das Abitur in der Abendschule nachgeholt.[40] Die Behauptung, dass in der DDR nur derjenige berufliche Perspektiven hatte, der der Partei angehörte, gehört in die Mottenkiste.

Honorige Literaturpreise für ein nicht geschriebenes Buch

Gauck ist aber nicht nur ein viel gefragter und gut bezahlter politischer Unterhalter. Gauck wird auch mit hoch dotierten Preisen überschüttet, darunter mehreren, die so gar nicht seiner politischen Vita entsprechen.

Im Jahre 2000 erhält er den **Dolf-Sternberger-Preis** für die beste öffentliche Rede des Jahres 1999. »Der frühere DDR-Bürgerrechtler wurde in Erfurt für die Qualität seiner politischen Rhetorik insgesamt geehrt und im Besonderen für seine Rede am 9. November 1999 im Bundestag, in der er am zehnten Jahrestag des Mauerfalls den Mut der Ostdeutschen gewürdigt hatte.«[41] Diese preisgekrönte Rede beginnt mit den Worten: *Während ich Sie, George Bush, begrüße, schaut über Ihre Schultern Martin Luther King(!), von dem wir hier im Osten gelernt haben, ohne Gewalt mächtig zu werden.*[42]

Martin Luther King steht aber nicht nur für Gewaltfreiheit, sondern auch für die Erkenntnis, dass das gesamte System umgestaltet werden muss. 1967 sagte er: »Ich habe jahrelang an der Idee gearbeitet, die bestehenden Institutionen der Gesellschaft zu reformieren – ein bisschen Veränderung hier, ein bisschen Fortschritt dort. Doch jetzt bin ich zu einer anderen Überzeugung gelangt: Ich glaube, man muss die ganze Gesellschaft umstrukturieren – wir brauchen eine Revolution unseres Wertesystems.«[43] Nach Meinung des preisgekrönten Redners Joachim Gauck schaut also diese Auffassung über die Schultern des Ex-US-Präsidenten George Bush!

Im Jahre 2005 erhält Gauck im Frankfurter Römer den mit 10.000 Euro dotierten **Heinz-Herbert-Karry-Preis**. Der Laudator, der Historiker Peter Steinbach würdigt den Ausgezeichneten als »wichtigen Protagonisten des Neuanfangs und Mann mit einem besonderen demokratischen Geschichtsbewusstsein.« Die Vorsitzende des Stiftungsrates Ruth Wagner, meint sogar, »die Aufgabe, die er als Bundesbeauftragter (für die Stasi-Unterlagen) übernommen habe, sei ›einzigartig in ihrem Gelingen und ihrer Vorbildlichkeit‹ gewesen…›Zu dieser sensiblen Arbeit bedarf es einer besonderen Fähigkeit der Zuwendung zum Menschen, eines klaren Verständnisses von Recht und Unrecht, aber auch der Fähigkeit zum Verstehen und in differenzierter Weise auch zum Vorgehen‹.«[44]

Die Lobhudelei ist aber noch steigerungsfähig. Die größte Absurdität ist die 2010 vom Landesverband Bayern e.V. im Börsenverein des Deutschen Buchhandels und der Stadt München vorgenommene Auszeichnung mit dem **Geschwister-Scholl-Preis.** Ausgezeichnet wird jährlich ein Buch, »das von geistiger Unabhängigkeit zeugt und geeignet ist, bürgerliche Freiheit, moralischen, intellektuellen und ästhetischen Mut zu fördern und dem gegenwärtigen Verantwortungsbewusstsein wichtige Impulse zu geben.« Der Preis ist zur Erinnerung an und zu Ehren von Sophie und Hans Scholl benannt – den bekannten jungen antifaschistischen Widerstandskämpfern, die 1943 wegen Verteilen von Flugblättern durch Freislers Volksgerichtshof zum Tode verurteilt und durch Enthaupten hingerichtet wurden. Der Preis ist mit 10.000 Euro datiert.[45] Bisherige Preisträger waren u.a. Rolf

Hochhuth, Jürgen Habermas, Christa Wolf. Und nun Joachim Gauck, wofür? Gauck erhält einen Preis mit einem Namen von zwei Menschen, die ihren Einsatz gegen das Nazi-Regime mit dem Leben bezahlt haben. Gaucks diffuse Position zum NS-Regime haben wir bereits dargelegt. Und: Gauck erhält den Preis für ein Buch, das er gar nicht geschrieben hat (»Winter im Sommer ...«) mit einem Inhalt, in dem Unkorrektheiten, Verdrehungen und Verschweigen massenhaft vorkommen, für Selbstbeweihräucherung pur auf niedrigem literarischen Niveau. Den Laudator – Schriftsteller Peter Schneider – hält es nicht davon ab, den Geehrten in höchsten Tönen zu lobpreisen: »Dass wir heute im Namen der Geschwister Scholl zusammen treten, um einen Mann zu ehren, der ihrem Beispiel unter den ganz anderen Bedingungen der DDR-Diktatur folgte, erscheint uns heute als eine Selbstverständlichkeit ... Wie im Fall der Geschwister Scholl müssen wir auch im Falle Joachim Gaucks eine Antwort auf die Frage suchen, was ihn dazu befähigte, den Verführungen und Erpressungen des Systems zu widerstehen.«[46] Weder der Laudator, noch der so Geehrte, noch das Preiskomitee werden ob so viel Heuchelei schamrot.

Das Volk aus seinem langjährigen Wohnort Wustrow hat dafür ein besseres Gespür. In Wustrow lebt eine Namensvetterin der Autorin der Gauck-Erinnerungen, Helga Hirsch. Weil Einwohner von Wustrow meinten, diese habe die Gauck-Biografie niedergeschrieben, wird Helga Hirsch aus Wustrow permanent angefeindet. Seitdem Joachim Gauck für das Amt des Bundespräsidenten vorgeschlagen wurde, häufen sich die anonymen Anrufe. Müll und sogar Hundekot wurden in den Vorgarten der 71-Jährigen geworfen. Die Kritiker meinen – wir auch –, dass in der Gauck-Biografie »Winter im Sommer – Frühling im Herbst« alles falsch dargestellt sei. Und sie als Co-Autorin sei dafür mitverantwortlich. Die Wustrowerin fühlt sich inzwischen massiv bedroht und als

Opfer einer Verwechslung. So rief Hirsch die Polizei. Die Beamten rieten, einen Brief an das Bundespräsidialamt zu richten und sich an die Presse zu wenden.[47]

Gauck erhält 2011 den mit 20.000 Euro dotierten **Ludwig-Börne-Preis**. Er wird alljährlich an deutschsprachige Autoren verliehen, die im Bereich des Essays, der Kritik und der Reportage Hervorragendes geleistet haben. Er zählt zu den bedeutendsten Preisen dieser Art im deutschsprachigen Raum. Im Jahre 2004 hatte ihn Daniela Dahn erhalten. Mutig und engagiert hatte sie sich vor dem erlauchten Publikum in der Frankfurter Paulskirche zu den Idealen von Ludwig Börne, gegen Kriege in der Gegenwart bekannt. »Börne wäre wie ich, über die konsequente Ablehnung des Irak-Krieges durch die deutsche und französische Regierung begeistert gewesen. Prophetisch klingen seine Worte, kein Volk könne frei sein, indem es sich erobern lasse, ›da doch, wie die Weltgeschichte lehrt, selbst jedes erobernde Volk durch die Eroberung seine Freiheit verloren hat ... Aufgeklärt sein heißt, politisiert sein. Nicht durch Dogmen, sondern durch Analyse.‹«[48]

Und was sagt Freiheitsapostel Joachim Gauck? Gauck griff den Kurs der Bundesregierung in der Libyen-Frage mit der Bemerkung auf: »*Ich habe in meinem Leben gelernt, dass derjenige, der nichts tut, nicht unbedingt das Richtige tut.*« Er nutzte das Beispiel Libyen, um sich gegen eine Diffamierung der Menschenrechtspolitik als verkapptem Imperialismus zu wenden. Das Argument, man könne schließlich nicht überall in der Welt für Ordnung sorgen, ließ er als prinzipiellen Einwand nicht gelten. Nie dürfe in Frage stehen, ob die Freiheit anderer es wert sei, verteidigt zu werden, erklärte Gauck mit Blick auf die arabischen Freiheitsbewegungen. Wenn der Westen von diesen Ländern um Hilfe gegen die Despotie gebeten werde, dann möge man »*nicht als erstes die Angst haben, wo es endet, sondern Freude, dass es beginnt – meine Güte!*« Den Börne-Preis für die Freude am Kriegsbeginn – du meine Güte!

Anmerkungen

1 Joachim Gauck »Welche Erinnerungen braucht Europa?« Vortrag vor der Robert-Bosch-Stiftung 28.3.2006

2 »Das Geheimnis um den Onkel« FOCUS 26.6.2010 – www.focus.de/politik/deutschland-das-geheimnis-um-den-onkel_aid

3 Joachim Gauck »Winter im Sommer …« a.a.O. Seite 331

4 Neben FOCUS a.a.O. Hauptquelle: Wikipedia

5 Zitate aus FOCUS a.a.O.

6 FOCUS a.a.O.

7 JUNGE FREIHEIT 24.2.2012

8 Gauck im Interview mit Joachim Güntner, zitiert in DER FREITAG vom 22.5.2010

9 Gauck »Winter im Sommer« S. 216/17

10 Gauck im Interview mit Joachim Güntner, zitiert in DER FREITAG vom 22.5.2010

11 Joachim Gauck in Courteois »Schwarzbuch des Kommunismus«, München 2008, S. 885

12 Joachim Gauck »Potemkinsche Dörfer« DER SPIEGEL 22/1998 S. 44

13 Joachim Gauck »Das süße Gift der Ohnmacht« in DIE WELT vom 22.4.2004

14 Presseinformation der Landsmannschaft Schlesien – Nieder- und Oberschlesien e.V. Nr.05/2012 Joachim Gauck – ein unangepasster Geist – Erinnerung an die Vertreibung ist uns wichtig – von Rudi Pawelka, Bundesvorsitzender der Landsmannschaft Schlesien

15 Karlen Vesper »Der Erstunterzeichner« – Buchrezension zu Klaus Huhn »Die Gauck-Behörde – Der Inquisitor zieht ins Schloss« Spotless 2012

16 Hans Canjè, Gastkolumne im ND vom 6.6.2006 »Gauck im Olymp«

17 SÄCHSISCHE ZEITUNG 10.7.2010

18 »Das Schwarzbuch des Kommunismus«, Piper München-Zürich 1999, S. 887

19 Joachim Gauck »Welche Erinnerungen braucht Europa?« – Vortrag vor der Robert-Bosch-Stiftung vom 28.3.2006, S. 14/15

20 Deniz Yücel »Gauck und der Holocaust« – TAZ vom 22.2.2012 / Götz Ali »Infame Vorwürfe – Gauck und der Holocaust« – ZEIT-online 4.3.2012

21 Constanze von Bullion »Die Pflicht zur Kür« – SÜDEUTSCHE ZEITUNG 31.5.2012

22 Gauck »Winter im Sommer« S. 249

23 Gauck »Freiheit« S. 12

24 Norbert Robers a.a.O. S. 201

25 FAZ vom 3.3.2012 Christian Gauck »Er war für uns selten der Vater«

26 DIE WELT 11.3.2012

27 DIE BUNTE Nr. 25 vom 14.6.2012 »Mein Mann, der Bundespräsident«

28 SPIEGEL.DE vom 21.2.2012

29 Heidemanns/Harbusch a.a.O. S. 281

30 DER SPIEGEL Nr. 10/4.3.2013 S. 35

31 David Crawford: Joachim Gauck und die OV »Larve« – www.finanznach-richten.de/ausdruck/2012-03/23016794-joachim-gauck

32 www.mmnews.de/index.php/etc/9522-foto-gauck-maschmeyer-die-party-geht-weiter

33 Norbert Robers a.a.O. S. 198f

34 www.tagesspiegel.de/medien/digitale-welt/netzschau-wie-reagiert-das-internet-auf-gauck?

35 Interview in SÄCHSISCHE ZEITUNG 10.7.2010

36 www.n-tv.de/politik/Auch-Gauck-talkte-fuer-25-000-Euro-article766441.html

37 Felix Haltt »Schulden-Tsunami bedroht den Bochumer Haushalt« – www.v1.julis.de/index.php?id=tsunami

38 Felix Haltt »Schulden-Tsunami bedroht den Bochumer Haushalt« – www.v1.julis.de/index.php?id=tsunami

39 www.stadtwerke-bochum.de/privatkunden/unternehmen/Pressecenter/pressemeldung

40 Joachim Gauck »Winter im Sommer« a.a.O. S. 166

41 DPA-Pressedienst 15.7.2000

42 Deutscher Bundestag »Rede von Joachim Gauck anlässlich der Sonder-veranstaltung »10. Jahrestag des Mauerfalls« am 9.11.1999

43 Zitiert von Jutta Dittfurt »Zeit des Zorns. Warum wir uns vom Kapita-lismus befreien müssen« – http://westendverlag.de/westend/buch.php?p=82&n=leseprobe

44 FAZ vom 2.6.2005

45 Aus Wikipedia »Geschwister-Scholl-Preis«

46 Geschwister-Scholl-Preis 2010 – Laudatio von Peter Schneider – www.geschwister-scholl-preis.de/preistraeger_2010-2019/schneider…

47 Nach Informationen der OSTSEEZEITUNG vom 27.2.2012

48 Daniela Dahn – http://www.ag-friedensforschung.de/themen/Globalisie-rung/dahn.html – Dankesrede zur Verleihung des Ludwig-Börne-Preises am 6.6.2004

VII. Pastor Gauck und das achte Gebot: Du sollst nicht falsch Zeugnis reden gegen deinen Nächsten.

Was heißt das? Wir sollen Gott fürchten und lieben, dass wir unsern Nächsten nicht aus Falschheit belügen, verraten, verleumden oder hinter seinem Rücken reden, sondern sollen ihn entschuldigen, Gutes von ihm reden und alles zum Besten kehren.

Gaucks Umgang mit der Wahrheit

Im Zusammenhang mit dem Wirken Gaucks in Rostock möchte ich – Manfred Manteuffel – über einige Episoden berichten.

Obwohl Gauck nicht zum Neuen Forum gehörte, war er von deren Vertretern aufgefordert worden, vor Demonstranten in der Kirche zu sprechen. Bei diesen Reden wurden, um die Besucher in Stimmung zu versetzen, von ihm Unwahrheiten verkündet. Ich war von Gauck vor der Predigt angerufen worden, dass einige Studenten eine Demonstration zur Post veranstalten wollten, um eine Petition zu verschicken. Diese Demonstration – von 6 Personen – verlief ohne Zwischenfälle.

Bei der abendlichen Veranstaltung behauptete Gauck jedoch, Demonstranten seien von der Stasi verhaftet und in den Kellerräumen der Stasi festgesetzt worden. Auf Grund dieser Äußerung von Gauck kam es zu erheblichen Tumulten in der Kirche. Bei der anschließenden öffentlichen Demonstration versuchten Bürger, die Sicherungen der Kellerfenster zu entfernen. Auf meine Frage an Gauck – wir standen beide vor der Eingangstür des Gebäudes – erklärte er: »*Hier sind die Demonstranten vom Nachmittag eingesperrt.*« Die Öffnung der Kellergebäude durch die Verantwortlichen ergab: Die Keller waren leer. Es war zu keinen Aktionen der Staatsmacht gegen die Demonstranten gekommen.

Als ich ob dieses Vorganges anlässlich eines gemeinsamen Treffens Frau Gauck (seine rechtlich bis heute angetraute Ehefrau Hansi) diesbezüglich ansprach, erklärte diese sinngemäß, ich solle mich deswegen nicht so sehr verwundern, ihr Mann neigt bei öffentlichen Auftritten, wenn er sich im Mittelpunkt des Interesses wähnt, ohnehin zu Übertreibungen und nimmt es mit der Wahrheit dann nicht so genau.

Auf gleicher Linie lag eine andere Rede des Pfarrers Gauck. Er bezog sich dabei auf die Information einer Bürgerin, dass bei ihr in der Wohnung ein als Feuerwehrmann verkleideter Mitarbeiter der Stasi eingedrungen sei, um angeblich die Sicherheit der Brandstellen zu kontrollieren. In Wirklichkeit hätte er jedoch

Gauck im Herbst 1989 bei einer Fürbittandacht in der Marienkirche in Rostock

nach Transparenten für die Demo gesucht. Auch diese Aussage Gaucks war unwahr, führte jedoch in der Kirche erneut zu starken Unmutsäußerungen.

Eine ehemalige Mitschülerin von Gauck an der EOS Rostock hat mir folgendes berichtet: Vor annähernd zwei Jahren – der »Herr Präsident« war noch nicht Präsident – fand ein Traditionstreffen der Schule statt, an welcher auch der Schüler Joachim Gauck teilnahm. Natürlich hielt er eine Rede und natürlich bestand deren Hauptaussage darin, das Bildungssystem der DDR zu diffamieren. Er steigerte sich dann soweit, dass er behauptete, selbst im Schulchor durfte man ja nur mitsingen, wenn man die blaue Bluse der FDJ trug. Die Mitschülerin, selbst Mitglied des Schulchores, sprach den redseligen Pfarrer darauf hin an und sagte: »Ich habe unzählige Male ohne FDJ-Bluse im Chor mitgesungen.« Antwort des Pfarrers: *»Wenn Du das sagst, dann wird es wohl stimmen.«* Bezeichnender Weise sagte sie mir: »Sie können diese Aussage zwar verwenden, aber bitte nicht meinen Namen nennen.« Ein typisches Verhalten vieler Mitbürger in dieser »freiheitlichen Demokratie« Gauckscher Mitprägung. Mir sind aus Rostock und Umgebung mehrere Informationen mit brisanten Aussagen über Gaucks Verhalten zugegangen. Die Mehrzahl davon anonym oder mit der Bitte: »Nennen Sie nicht meinen Namen.« Wovor fürchten sich die Menschen eigentlich?

Typisch für Gauck ist auch folgende Episode: In der Wendezeit feierte Joachim Gauck seinen 50. Geburtstag (geboren 24.1.1940). Da ich immer noch amtierender Vertreter des Staates für Kirchenfragen war, bin auch ich dorthin gegangen. Es war ein größerer Kreis geladener, mir teilweise unbekannter Gäste anwesend. Herr Gauck empfing mich mit den Worten: *»Das ist Herr Manteuffel, der Referent für Kirchenfragen, aber den brauchen wir ja jetzt nicht mehr.«*

Eine entsprechende Charaktereinschätzung gibt Artur Amthor, Chef der Bezirksverwaltung des MfS. »Unsere Unterredung hatten wir Anfang April 1990 ... Mir saß ein Mensch gegenüber, eiskalt, hasserfüllt und ohne menschliches Gefühl. Von einem ehemaligen Pastor und Seelsorger war nichts zu spüren. So abweisend und überheblich war er mir schon im September 1989 im Rostocker Rathaus gegenüber getreten, als ich ihn bat, Einfluss zu nehmen, dass es durch die aufgeputschten Demonstranten nicht zu Gewalttätigkeiten gegen unser Bezirksamt und die eingesetzten Sicherheitsposten kommt ... Das etwa halbstündige Gespräch beendete er mit der Bemerkung: ›Herr Amthor, Sie haben Ihr ganzes Leben lang die Schuld abzutragen, die Sie auf sich geladen haben. Und auch Ihre Enkel werden davon betroffen sein.‹ ... Besonders verwerflich finde ich seine auf meine Enkel bezogene Bemerkung. Sollten sie auch dafür büßen, dass ihr Opa in der DDR Offizier des MfS war?«[1]

Anmerkung

1   Artur Amthor a.a.O. S. 266

VIII. Der Gaucksche Freiheitsbegriff – inhaltsleer

Als Joachim Gauck am 23. März 2012 zum Bundespräsidenten vereidigt wurde, hielt er protokollgerecht seine Antrittsrede. Es war das hohe Lied auf »mein Lebensthema Freiheit«. Neunmal tauchte dieser erhabene Begriff in der kurzen Antrittsrede auf.

Deutlicher äußert er sich dazu in seinem »fundamentalen« Werk »Freiheit«. Er lässt uns wissen: »*Wir sollten daher nicht der irrigen Meinung sein, dass wir Toleranz etwas Böses antun, wenn wir noch einmal christlich-jüdische Dogmatik anschauen, fragen, welche Werte für unsere Gesellschaft heilsam und wichtig sind, und sie neu schätzen lernen.*«[1] Das liegt ganz und gar auf der ideologischen Welle seiner Schwester im Glauben, Angela Merkel. Sie wird allerdings etwas

Wahlplakat vom Bündnis 90 vom Beginn der 90er Jahre des letzten Jahrhunderts

113

deutlicher: »Das heißt also, die Frage, wie wir unsere Geschichte, unser Werteverständnis, unser abendländisches christlich-jüdisches Bild vom Menschen und von der Welt in die Welt einbringen, ist eine Frage, die in den nächsten Jahren absolut entscheidend sein wird ... Das heißt also, wir müssen – das ist meine feste Überzeugung – kämpferischer werden ... Es ist kein Selbstläufer, dass sich unsere Art zu leben, in der Welt durchsetzt.«[2] Das ist kämpferischer, Herr Gauck! Aber sicher meinen Sie das gleiche, wenn sie vor der Bundeswehr erklären: »*Diese Bundeswehr ist keine Begrenzung der Freiheit, sondern eine Stütze der Freiheit.*«

Zur besten Zeit – Präsidentendebatte – wurde das Büchlein »Freiheit« unter das Volk gebracht und zum Bestseller hoch gejubelt. »Nur 10 Euro – greifen Sie zu« (Internetwerbung bei Hugendubel).

Bundespräsident und Kanzlerin am 3.10.2012 in München

Der österreichische Journalist und Sachbuchautor Robert Misik stellt dazu im Internet fest:[3] »Bevor die inhaltliche Seite zur Sprache kommt, muss bei einem Buch dieser Art auch über Äußerlichkeiten geredet werden. Das Buch ist klein, sehr klein, wenn es noch ein DIN-Format für diese Kleinigkeit gibt, dann muss das so A6 oder A7 sein. Und es ist dünn, sehr dünn. Es hat 62 Seiten. Und von diesen 62 Seiten ist gefühlt jede dritte nicht bedruckt. Und die, die bedruckt sind, sind es nur in den unteren zwei Dritteln. Oben ist schön viel weißer Raum. Sieht hübsch aus, gibt dem Layout so eine Luftigkeit. Aber der Text in diesem Buch ist etwa so lang wie ein umfangreicherer ZEIT-Artikel. Eine Schriftsorte also, für die ein geübter Schreiber zwei Tage braucht.« (Unser Autor brauchte dafür überhaupt keine Zeit, das Büchlein ist nämlich ein Nachdruck einer Rede von ihm vor der Akademie Tutzing – d. A.)

Der Inhalt ist genau so leer wie die Seiten. Zwar taucht der Lieblingsbegriff »Freiheit« gar 34x auf, aber was versteht der Prediger darunter? Er klärt uns gleich zu Beginn auf: *»Wer heute danach fragt, was unsere Gesellschaft ausmacht, was sie prägt und ihr Gestalt verleiht, wird auf diese drei Wesensmerkmale stoßen: Freiheit, Verantwortung und Toleranz.«* Und weiter: *»Es ist vielmehr meine tiefe Überzeugung, dass Freiheit das Allerwichtigste im Zusammenleben ist und erst Freiheit unserer Gesellschaft Kultur, Substanz und Inhalt verleiht.«* So spiegelt sich die Welt von heute, geprägt von Kriegen, Armut, Umweltkatastrophen, Finanzdiktatur, Ausbeutung und Unterdrückung im idealisierten Hirn des zum Präsidenten erkorenen christlichen Pfarrers aus mecklenburgischen Dorfgefilden wider! Diese weltweite »Mehrdimensionalität« im Denken« ist es in der Tat, um mit den Worten seines Hofberichterstatters zu sprechen, die »seine Persönlichkeit als Bundespräsident prägt.«

Albrecht Müller ist der Meinung: »Freiheit ist ein hoher Wert. Gauck beachtet aber nicht, dass das unentwegte Predigen der Freiheit in den Augen vieler Menschen hohl klingt … Die Basis gelebter Freiheit ist wirtschaftliche Unabhängigkeit und soziale Sicherheit. Diese Zusammenhänge kennt Gauck nicht. Er kann sich nicht in die Lage von Menschen versetzen, denen es nicht gut geht.«[4]

Prof. Horst Schneider – Dresden – entgegnet: »Der Begriff Freiheit zwingt zur Frage: Welche Freiheit für wen? Eine abstrakte Freiheit gibt es nur als täuschende Phrase. Pfarrer Gauck wird doch wohl wissen, dass auch die Faschisten für die Freiheit gegen die ›jüdisch-bolschewistische Weltgefahr‹ kämpften... Und ein Obdachloser hat die Freiheit, unter der Brücke oder im Schloss zu schlafen. Warum wählt er die Brücke?«[5]

Es gibt noch ein Lehrstück Gauckscher Freiheitsgedanken. In seinen »Erinnerungen« ist ein ganzes Kapitel dem Thema »Freiheit, die ich meine« gewidmet. An einem Gespräch zwischen zwei Männern lässt uns Gauck teilhaben mit seinem köstlichen Monolog: »*Wo ich jetzt lebe, so höre ich mich sagen, möchte ich sein, aber ich kann immerfort auch gehen. Wo ich jetzt lebe, habe ich Grundrechte, garantiert durch die Verfassung: Gewissensfreiheit, Glaubensfreiheit, Meinungsfreiheit, die Freiheit der Berufswahl, Versammlungsfreiheit, Forschungs- und Veröffentlichungsfreiheit. Wo ich jetzt lebe, gründen Menschen von sich aus Vereine, Bürgerinitiativen, Gewerkschaften und Parteien und übernehmen Verantwortung in ihnen. Kritik, Diskurs und Dissens gelten als Normalfall der politischen Kultur und nicht als politisch-ideologische Diversion, Untergrundtätigkeit oder politische Straftat. Wo ich jetzt lebe, existiert die Herrschaft des Rechts, notfalls kann ich meine Rechte auch einklagen. Es gibt den freien Markt, aber auch ein soziales Netzwerk – wer bedürftig ist, erfährt Unterstützung. Und seit mehr als sechzig Jahren hat dieses Land kein anderes überfallen, es lebt mit allen Nachbarn in Frieden.*«[6]

Herr Gauck, wo leben Sie jetzt? Millionen Bürgern der BRD ist dieses Land, das Sie da beschreiben, jedenfalls nicht bekannt. Das ist eine Verhöhnung der für Ihre »Freiheit« gefallenen Soldaten und ermordeten Zivilisten, der Überfallenen in Serbien und Afghanistan, der an den Territorialgrenzen der EU zur »Freiheit« tausendfach Gestorbenen – nach Zählungen von »Fortress Europa« von 1988 bis 2011 sind 17.738 (!) Flüchtlinge ums Leben gekommen[7] –, der vom freien Unternehmertum Gekündigten, der von Arbeit und einem menschenwürdigen Leben befreiten Arbeitslosen und Hartz-IV-Empfänger, der von Wohnraum befreiten Obdachlosen, mit Ihrer gütigen Mithilfe von der Berufsausübung Befreiten, wegen Freiheit von genügend Geld Nichtstudierenden, der Freiheit von Überwachungsstaat und der Gerichtswillkür Ausgesetzten, und den vom vereinheitlichten Medienterror Nichtbefreiten und vieler anderer Gedemütigter dieses Landes.

Wo Ihre freiheitlichen Gedanken münden, haben Sie uns verraten: »*Wenn wir politische Freiheit gestalten wollen, gibt es nicht allzu viele Varianten. Ich jedenfalls kenne keine, die den Grundsätzen dieser westlichen Variante von Eigenverantwortung vorzuziehen wäre ... Und deshalb gibt es keinen Grund für den alt-neuen Versuch, eine neue Variante von Antikapitalismus in die politische Debatte zu bringen.*« ... »*Wer den Kapitalismus abschaffen will, schüttet das Kind mit dem Bade aus ... Wir brauchen keine neue Gesellschaftsordnung, sondern eine Demokratie, die auf aktuelle Probleme und Bedrohungen mit innovativem Geist und ermächtigten Demokraten reagiert.*«[8]

Das ist des Pudels Kern des Freiheitsgelabers. Ja nicht über gesellschaftliche Alternativen nachdenken! Deshalb wurde der Herr Pastor aus dem kleinen Evershagen, verbissene Stasi-Jäger und notorische Antikommunist, der Präsident der großen Bundesrepublik Deutschland.

»Die Freiheit, sein großes Lebensthema, ist bei Gauck vor allem Abwesenheit von Diktatur. Aber die DDR ist seit 22 Jahren für die meisten Menschen nicht mehr das Hauptproblem, im Westen war sie es ohnehin nie. Arbeitslosigkeit, entfesselte Finanzmärkte, Billigjobs und die Sorge um die Pensionen bewegen die Deutschen heute deutlich stärker. Antworten darauf muss der neue deutsche Bundespräsident erst finden.« – schreibt DER STANDARD aus Österreich.[9] Kann und will das der neue deutsche Bundespräsident?

Anmerkungen

1 Joachim Gauck »Freiheit – Ein Plädoyer«, Kösel-Verlag München 2012, S. 51

2 Rede an der Katholischen Akademie München vom 21.7. 2009

3 www.misik.at/sonstige/burger-gauck-und-der-betrug-mit-der-freiheit.php

4 Albrecht Müller FR vom 14.3.2012

5 Horst Schneider »Anmerkungen zu Gaucks Artikel »Freiheit heißt Verantwortung« in SÄCHSISCHE ZEITUNG vom 29.2.2012 – Die gesamte Argumentation dazu in der Anlage 4

6 Gauck »Winter im Sommer« a.a.O. S. 331

7 »Frontex kennt keine Gnade« ROTFUCHS März 2013, S. 18

8 Gauck a.a.O. Seiten 54, 55, 56, 58

9 www.focus.de/politik/deutschland/bundespräsident/pressestimmen

IX. Wie Gauck durch Minderheiten-Votum zum »Ehrenbürger« von Rostock gemacht wurde

nach Angaben von Günter Althaus – Rostock

Nach Mitteilung der Bundespräsidialkanzlei vom 8. August 2012 gab der Herr Präsident den NORDDEUTSCHEN NEUESTEN NACHRICHTEN ein Interview.

Frage: »Herr Präsident, die Rostocker Bürgerschaft hat beschlossen, Sie zum Ehrenbürger der Hansestadt zu ernennen. Welche Gedanken verbinden Sie mit dieser Würdigung?«

Antwort Gauck: *»Ehrenbürger meiner Heimatstadt zu werden ist für mich ein bewegender Moment. Vieles zieht in den Gedanken noch einmal vorbei, die Arbeit in der Kirchgemeinde in Evershagen, die Friedliche Revolution, die Kirchentage 1983 und 1988, die Predigten in der Marienkirche. Ich denke, dass ich diese Ehrung auch stellvertretend für so viele Rostockerinnen und Rostocker bekomme, die 1989 aktiv waren in Rostock.«* [1]

Die Bürgerschaftspräsidentin Karina Jens (CDU) hatte vorher in der OSTSEEZEITUNG mitgeteilt: »Die Bürgerschaft stimmte mit großer Mehrheit für die Verleihung der Ehrenbürgerwürde an Gauck.« Der Rostocker Oberbürgermeister Methling (parteilos) verkündete laut DPA bereits am 20.2.2012: »Spätestens im April werde die Bürgerschaft der Hansestadt Gauck zum Ehrenbürger Rostocks wählen. Dazu gebe es eine mehr als deutliche Mehrheit.« Die »Mehrheit« sah so aus: Von der Rostocker Bürgerschaft stimmten 47,2 Prozent für diese Ehrerbietung.

Die meisten Rostockerinnen und Rostocker sind aber nicht geehrt von dieser Auszeichnung. Nach einer Umfrage der OSTSEEZEITUNG sprachen sich 58 Prozent gegen diese Auszeichnung aus. [2]

Verbale Angriffe gegen Gauck bei der Kundgebung in Rostock-Lichtenhagen. Foto: DPA

Trotzdem wurde sie vollzogen. Am 9. August wurde der Herr Bundespräsident Gauck mit großem Pomp und Getöse, wie es der Auserwählte am liebsten hat, als »Ehrenbürger« von Rostock inthronisiert. Nun befindet sich Gauck pikanter Weise in einer Reihe mit Paul von Hindenburg, Hitlers Steigbügelhalter und Otto von Bismarck, des Kaisers Kanzler. Ein Abgeordneter der Rostocker Bürgerschaft – Günter Althaus, der gegen Gauck argumentiert hat – stellte uns Materialien zur Begründung seiner Position zur Verfügung. Er wandte sich in einem Brief direkt an den so geehrten Herrn Bundespräsidenten. Nachfolgend der volle Wortlaut:

Wo war der redselige Pfarrer, als Rostock-Lichtenhagen lichterloh brannte?

Wenige Tage nach seiner pompösen »Ehrenbürgerschaft« erscheint Gauck erneut in Rostock, diesmal weniger pompös und strahlend. Er hält die Ansprache anlässlich des Pogroms vor

Mitglied der Bürgerschaft der Hansestadt Rostock
Günter Althaus ▬▬▬▬▬ ▬▬▬▬
18055 Rostock ▬▬▬▬▬▬▬

An den Bundespräsidenten der Bundesrepublik Deutschland
Herrn Joachim Gauck
Schloss Bellevue
Spreeweg 1
10557 Berlin

Rostock, Freitag, 27.07.2012

Sehr verehrter Herr Bundespräsident,

ich bin der einzige Abgeordnete der Rostocker Bürgerschaft, der in Rostock-Brinckmans-dorf wohnt, wo auch Sie lange Jahre lebten, und wo noch Angehörige von Ihnen wohnen. So bin ich aus Ihrem früheren Umfeld gut über Ihre Familie und Verwandte informiert. Auch Ihr Bruder konnte in der DDR studieren. Er musste dazu nicht die Theologie wählen. Das alles trotz der nazi-belasteten Herkunft von Eltern und Verwandten. Wenn ich vergleiche, wie Sie insbesondere nach 1990 alles Sozialistische verteufelten und die Existenz von Menschen zerstörten, dann kommt mir die DDR geradezu liberal vor.

Am 9. August 2012 wird Ihnen die Ehrenbürgerschaft der Hansestadt Rostock verliehen. Ich habe eine Einladung erhalten, doch ich verzichte bewusst auf dieses Schauspiel. Ähnliches zeigte sich in jüngster Vergangenheit, als die Bundeswehr auf dem Neuen Markt den von der SS unverändert übernommenen Zapfenstreich mit verlogenem religiösen Brimborium zelebrierte.

Schon die Art Ihrer Wahl zum Ehrenbürger hielt ich für wenig demokratisch. Sie bekamen lediglich 25 Stimmen, nicht einmal die Hälfte der 53 Bürgerschaftsabgeordneten. Nun fehlen zwar immer einige aus verschiedensten Gründen zu den monatlichen Sitzungen, doch am Tag Ihrer Wahl waren es mit 41 besonders wenige anwesende Abgeordnete, und da eine vor der Abstimmung den Saal verließ, waren es nur noch 40. Soll dagegen jemandem die Ehrenbürgerschaft aberkannt werden, so sind dafür mindestens 36 Stim-men erforderlich, denn dann ist eine Zweidrittelmehrheit der 53 Bürgerschaftsabgeord-neten notwendig.

In der hiesigen Mainstream-Presse wurde später behauptet, nur die Fraktion DIE LINKE. habe gegen Sie gestimmt. Der Wunsch war hier Vater des Gedankens, denn es waren nur 10 Abgeordnete meiner Fraktion anwesend. Vier Gegenstimmen kamen von anderen Abgeordneten und davon gehörten drei einer zweiten Fraktion an, von der kein einziges Mitglied für Sie stimmte. Das sollten Sie wissen, denn wie ihr ehemaliger Berufskollege Hans-Jochen Tschiche sehe auch ich Eitelkeit nicht als Tugend an.

Nun sind Sie mir als Ehrenbürger Rostocks zweifellos lieber als der Massenmörder Paul von Hindenburg, der u.a. für den uneingeschränkten U-Boot-Krieg im I. Weltkrieg ver-antwortlich und später Wegbereiter Hitlers war.

1

Brief an den Bundespräsidenten Seite 1

Doch auch in der Rostocker Bevölkerung hatten Sie in der OZ-Umfrage keine Mehrheit für sich. Das war angesichts der Lobhudelei in Fernsehen und Rundfunk und den großen überregionalen Zeitungen bemerkenswert. Man kennt Sie hier offenbar besser als anderswo. 57% meinten, eine Ehrenbürgerschaft verdienten Sie nicht.

Vor allem Ihre Äußerung, die Deutschen seien glücksüchtig und nicht mehr bereit, ihr Leben fürs Vaterland zu opfern, hat mich in letzter Zeit betroffen gemacht. Da fällt mir ein: "Dulce et decorum est pro patria mori." Horaz' Auffassung widerspricht weder der der Epikureer noch der der Stoiker. Beide philosophischen Richtungen standen aber dem Dienst am Staat skeptisch gegenüber. Auch in der US-amerikanischen Unabhängigkeitserklärung heißt es: „We hold these truths to be self-evident, that all men are created equal, that they are endowed by their Creator with certain unalienable Rights, that among these are Life, Liberty and the **pursuit of Happiness**." **Das Streben nach Glück** ist also ein Grundrecht. Waren Sie selbst nicht auch glücksüchtig, als Sie sich eine neue Partnerin suchten? Aber Sie haben so nicht den Herrschenden geschadet, wie es Soldaten tun, die aus Angst vor dem Tod den Profit für die Mächtigen schmälern.

Besonders hat mich gestört, dass Sie die Bundeswehrsoldaten und Offiziere in Afghanistan als **Mutbürger** bezeichneten. Dazu möchte ich vier Beispiele nennen, die Ihnen zu denken geben sollten:
„Ist es mutig, **erstens** mit Totenschädeln zu spielen, **zweitens** einen Handwerker zu erschießen, weil er ein Terrorist sein könnte, **drittens** an einem Kontrollpunkt mit Dauerfeuer auf ein wendendes Fahrzeug zu ballern und dabei eine Frau und zwei Kinder zu töten und **viertens** Bomben auf fahruntüchtige Tankfahrzeuge werfen zu lassen und mindestens 90 Zivilisten - darunter Kindern - das Leben zu nehmen?
Macht das nicht eher den Eindruck, wenn schon nicht verbrecherisch, so doch Angst schlotternd zu handeln und dabei jegliche humanitäre Regeln zu missachten?"

Es war unangemessen, dass Sie in Israel die Bundeskanzlerin wegen einer Äußerung zur deutschen Staatsräson kritisieren zu müssen glaubten. Dazu haben Sie kein Recht. Sie sind kein Verfassungsrichter. Das ist nicht Ihre Aufgabe als Repräsentant unseres Staates. Allerdings ist es in Deutschland auch nur einmal gelungen, ein Staatsoberhaupt auszuwählen, das seine Aufgabe ohne moralische Vorbelastungen oder irgendwelche größeren persönlichen Macken ausgeübt hat, nämlich Gustav Heinemann. Diesem sollten Sie nacheifern!

Setzen Sie sich dafür ein, dass in Kriegs- und Spannungsgebieten nicht die Bundeswehr als umstrittene Kriegspartei aus dem Staat mit dem drittgrößten Waffenexport humanitäre Hilfe leisten zu müssen vermeint, sondern dass diese Aufgabe der Organisation überlassen bleibt, die dafür geschaffen wurde, nämlich dem Deutschen Roten Kreuz. Dieses muss in den Stand versetzt werden, überall auf der Welt wirksame Hilfe leisten zu können. Kriegerische Einsätze sollten Sie deutlich zurückweisen. Mit Krieg werden Probleme verschärft, nicht gelöst.

Das alles schreibe ich Ihnen nicht zuletzt auch als Mitglied der DFG-VK (Deutsche Friedensgesellschaft-Vereinigte KriegsdienstgegnerInnen und des RFB (Rostocker Friedensbündnis).

Mit vorzüglicher Hochachtung

Günter Althaus
Günter Althaus

2

Brief an den Bundespräsidenten Seite2

20 Jahren in Rostock-Lichtenhagen. Begleitet werden die Rede und sein Auftreten mit Losungen und Zwischenrufen »Heuchler«. Ganz in Gauckscher Art kontert er. »Kritische Begleiter seiner Rede, die ›Heuchler‹ ›Heuchler‹ riefen und ein Transparent mit dem Slogan ›Rassismus tötet‹ hoch hielten, setzte Gauck mit Neonazis gleich.«[3] Die Rede bleibt – auch nach Gauckscher Art – oberflächlich, flach, streckenweise vulgär. Die eigentliche Ursache der schlimmen ausländerfeindlichen Pogrome ist schnell ausgemacht. Natürlich ist die DDR daran schuld. Redeauszug Gauck: »*Gerade wir Ostdeutschen, die wir in lange eingeübter Ohnmacht lebten, blieben anfällig für ein Denken in Schwarz-Weiß-Schemata … Die Kultur der offenen Bürgerdebatte war uns fremd, das Zusammenleben mit Fremden kannten wir fast nicht – auf den Straßen dieser Stadt habe ich gedankenlos wie selbstverständlich für die wenigen Ausländer, die bei uns arbeiteten, die Bezeichnungen ›Fidschis‹ und ›Kanaker gehört – das war ganz normal. Es liegt nicht am schlechteren Charakter der Ostdeutschen, dass es Unterschiede zu den Westdeutschen gibt, sondern an unseren unterschiedlichen Prägungen und Erfahrungen: Hier im Osten konnten wir nicht teilhaben an einer Zivilgesellschaft von aktiven und eigenverantwortlichen Bürgern.*«

Wo war der aktive und eigenverantwortliche Bürger Joachim Gauck, der über und zu allem gern schwätzende Rostocker Pfarrer, als 1992 das »Sonnenblumenhaus« brannte, als sich tagelang der Mob davor austobte und die Sicherheitskräfte wegsahen?

Der TAGESSPIEGEL fragt: »Hat es den Theologen nicht dazu gedrängt, seine Mitbürger zur Mitmenschlichkeit aufzurütteln? Nichts ist überliefert an Worten des doch so wortgewaltigen Joachim Gauck aus jenen Tagen … Was will Herr Gauck jetzt plötzlich hier?, haben die Blogger im Internet aus dem Mecklenburger Antifa-Milieu schon lange vor den Feierlichkeiten an diesem Wochenende gefragt. Und gemeint, dass man lieber jeden Tag Dutzende von Demokratielehrern an die Schulen schicken sollte, als nur diesen einen berühmten Demokratielehrer, der nur einmal in 20 Jahren hierher kommt.«[4]

Anmerkungen

1 Interview mit den NORDDEUTSCHEN NEUESTEN NACHRICHTEN
2 Zahlen aus STERN.DE: »Debatte um künftiges Staatsoberhaupt – Das Problem der Ostdeutschen mit Gauck.«
3 JUNGE WELT vom 27.8.2012 »Deutsche Eiche statt Asyl«
4 Antje Sirletschtov im TAGESSPIEGEL vom 27.8.2012

X. Pfarrer Gauck und die Christenheit

Das erste Gebot: Ich bin der Herr, dein Gott. Du sollst nicht
andere Götter haben neben mir.

Was heißt das? Wir sollen Gott über alle Dinge fürchten, lieben
und vertrauen.

»Einer der Schwächsten« wird mehrfacher Ehrendoktor

Unter dem Einfluss von Ex-SA-Onkel Schmitt Theologie zu studieren, hatte für Joachim Gauck sicher nicht vorrangig »christliche«
Gründe. Der heute emeritierte Professor Gert Wendelborn, damals
wissenschaftlicher Assistent an der Theologischen Fakultät der
Universitas Rostochiensis, von 1976 bis 1990 Wilhelm-Pieck-Uni-
versität Rostock, bezeichnet die Theologische Fakultät als »Insel
im roten Meer«, ein Sammelbecken von Studenten mit antisozia-
listischem Gedankengut. Gauck selbst erklärt: »*Aber es stimmt, der
Entschluss zum Beispiel, Theologie zu studieren, basiert letztlich darauf,
dass ich Kirche als Raum größerer Freiheit erfahren habe – und Christen
als vertrauenswürdiger als die, die in meinem Land das Sagen hatten.*«[1]
Gauck fiel im Studium nicht gerade positiv auf. »Er war einer der
Schwächsten«, sagt Gert Wendelborn. Deshalb studierte Joachim
Gauck sehr lange, von 1958 bis 1965. Das Examen hat er erst im
3.Versuch, mit zwei Jahren Verspätung geschafft – und das auch
nur, weil man ihm eine Studienarbeit nachträglich als Examens-
arbeit anerkannt hat. »Das ist mir in den 30 Jahren meiner wissenschaftlichen Tätigkeit an der Fakultät nur dieses einzige Mal
passiert«, erklärt Gert Wendelborn. Vom Priesterseminar nach
Abschluss des Studiums gibt es entsprechende Einschätzungen:

»Gauck hat selten etwas gewusst, aber wenn doch, dann hat er es mit großem Pathos und ungeheuer aufgeblasen verkauft«, berichtet ein Pastor aus diesem Seminar. Prägend war das Theologie-Studium im Kreise Gleichgesinnter offensichtlich für seine politische antisozialistische Gesinnung.

Grund genug, um »einem der Schwächsten« im Jahre 1999 die Ehrendoktorwürde der Universität Rostock zu verleihen. In den dazu verbreiteten DPA-Meldungen kann man als Begründung nachlesen: »Aus dem Geist der Versöhnung heraus habe sich Gauck für die Aufarbeitung der Vergangenheit und für die Auseinandersetzung mit Schuld und Versagen eingesetzt. Damit habe er zentrale Themen des christlichen Glaubens in den öffentlichen Diskurs eingebracht und einen wichtigen Beitrag zur gesellschaftlichen Verantwortung der Theologie geleistet.«

Gauck unter dem Kreuz

Die Philosophische Fakultät der Friedrich-Schiller-Universität Jena ließ es sich nicht nehmen, im Jahre 2001 gleiches zu tun. DAPD meldete in diesem Falle: »Gauck wurde auf einem Festakt am Dienstag ausgezeichnet ›für seine Verdienste um den Erhalt und die wissenschaftliche Erschließung des für die deutsche Nachkriegsgeschichte geradezu einzigartigen Quellenbestandes‹, wie die Universität mitteilte. Rektor Karl-Ulrich Meyn nannte den 61-jährigen Rostocker einen Mann von Aufrichtigkeit, Wahrhaftigkeit und Prinzipientreue. Gauck habe trotz persönlicher Nachteile unter der DDR-Diktatur nicht den Rücken gebeugt. Er stehe für demokratisch und rechtsstaatlich legitimierte Gerechtigkeit, nicht Rache. Damit sei er Integrationsfigur und Vorbild in einer schwierigen Zeit des Zusammenwachsens beider deutscher Teilstaaten, sagte Meyn.«

Im Jahre 2005 konnte dann die Universität Augsburg auch nicht mehr widerstehen. »Auf Anregung evangelischer und katholischer Theologen und als Beitrag zum Jubiläum ›450 Jahre Augsburger Religionsfrieden‹ erhält Gauck gemeinsam mit dem italienischen Historiker Andrea Riccardi die Ehrendoktorwürde. ›Die Idee war, zwei Menschen auszuzeichnen, die sich für den politischen und innerchristlichen Frieden verdient gemacht haben‹, sagt der evangelische Uni-Theologe Bernd Ostendorf ... Riccardi ist Begründer der Vereinigung ›Sankt Egidio‹, die für die christliche Ökumene eintritt und in schon vielen Ländern friedensstiftend tätig gewesen ist. Zurzeit kämpft sie gegen Aids in Afrika.«[2]

Welche wissenschaftlichen Leistungen hat der Dr. h. c. mult. vollbracht, die rechtfertigen, dass einer der Schwächsten aus dem Studium mehrfacher Ehrendoktor wird? Wo sind wissenschaftlich, d. h. objektiv begründete, Aussagen auf seinem Spezialgebiet – Staatssicherheit – zu finden? Wo hat er untersucht, unter welchen historischen Bedingungen der Geheimdienst der DDR entstanden ist und gearbeitet hat? Wo hat er nachgewiesen, wie der Geheimdienst der DDR eingebunden war in das politische Gesamtsystem der DDR? Wo gibt es von ihm begründete Vergleiche mit dem historisch bedingten Wirken von Geheimdiensten anderer Staaten? Welche friedensstiftenden oder gar humanitären Maßnahmen sind dem Wirken »seiner« Gauck-Behörde und ihm persönlich zuzuschreiben?

Das Votum von Theologen: Als Präsident ungeeignet

Ein Pfarrer auf dem Präsidentenstuhl in einem Land mit verfassungsmäßig garantierter Trennung zwischen Staat und Kirche? Mit Glaubensfreiheit zwischen den Religionen?

Altbundeskanzler Helmut Schmidt schreibt: »Ich selbst habe... für mich eine klare Schlussfolgerung gezogen: Misstraue jedem Politiker, jedem Regierungs- oder Staatchef, der seine Religion zum Instrument seines Machtstrebens macht. Halte Abstand von solchen Politikern, die ihre auf das Jenseits orientierte Religion und ihre diesseitige Politik miteinander vermischen.«[3]

In »Glaube, Sitte, Heimat« kann man unter der Überschrift »Gauck: Not my President« lesen[4]: »Nun bekommen wir einen gnadenlosen Vielredner zum Präsidenten. Andauernd oszillierend zwischen bildungsversierter Altersweisheit und oberlehrerhafter Geschwätzigkeit... Er muss mir nicht in mein Weltbild passen. Aber er sollte doch in der Lage sein, auch das Meinige zu akzeptieren... Joachim Gauck aber wird das nicht können. Er ist nämlich Pastor der evangelischen Kirche... Diese Kirche stellt ein Wesen in den Mittelpunkt, an das ich, und mit mir gut ein Drittel der Deutschen Bevölkerung, keine Veranlassung sehen, zu glauben: an einen allmächtigen und ewigen Gott... Auf einem Präsidentenstuhl sollte niemand sein, der in leitender Position eine Kirche vertritt, bzw. vertreten hat, die nur einen ganz bestimmten, d.h. alleinigen Gott anbetet. Denn wer es tief überzeugt tut, wird... ein inneres

Ressentiment gegenüber denen haben, die andere Götter haben. Wenn man es genau nimmt, kann ein solcher Mensch nicht einmal überzeugt für die Religionsfreiheit sein, denn die kennt keinen bestimmten Gott und erst Recht keinen alleinigen.«

Namhafte Theologen melden erhebliche Bedenken gegen die Gaucksche Präsidentschaft an. In einer Erklärung[5], u.a. unterzeichnet von Heiko Lietz, Sebastian Pflugbeil, Friedrich Schorlemmer, Hans-Jochen Tschiche bringen sie unter dem Titel »Freiheit, die wir meinen«, zum Ausdruck: »Joachim Gauck hat die Erwartungen derjenigen beflügelt, die durch die Beschwörung des Antikommunismus die Freiheit verteidigen wollen. Die dringend erforderliche Kompetenz des künftigen Bundespräsidenten kommt aber nicht aus der Beschwörung der Vergangenheit, sondern aus der Fähigkeit, drängende Fragen der Gegenwart zu thematisieren: Wie schaffen wir es, den Angriff der Finanzmärkte auf die Demokratie, unsere Lebensform der Freiheit, abzuwehren, den Skandal wachsender Verarmung Vieler bei explodierendem Reichtum Weniger nicht länger hinzunehmen, den Raubbau an den natürlichen Lebensgrundlagen zu beenden, das Zusammenleben der Menschen in kultureller und religiöser Vielfalt zu ermöglichen und neue Konflikte friedlich zu lösen? Diesen Bundespräsidenten werden wir daran messen, ob und wie er sich die Freiheit nimmt, die Politik angesichts dieser fundamentalen Herausforderungen in die Verantwortung zu nehmen.«

Die evangelische Landeskirche Mecklenburg – in der Nazizeit ein Zentrum des Faschismus

Erich Später – Historiker und Germanist in Saarbrücken – erhebt einen weiteren schwerwiegenden Einwand. »Die evangelische Kirche Mecklenburgs war eine stramm nationalsozialistische Organisation. Nach 1945 hat der Pfarrer Joachim Gauck in ihr Karriere gemacht, ohne bis heute über ihre braune Geschichte auch nur ein Wort zu verlieren...Vor 1875/76 waren Geburten, Taufen und Sterbefälle nur von den Kirchen registriert worden. Der Aufbau des NS-Rassestaates und die ›erbbiologische‹ Erfassung der Juden auf dem Weg in die Vernichtungslager wären ohne die Mitwirkung der deutschen Kirchen mit ihren 600.000 Kirchenbüchern nicht möglich gewesen. Die katholische und die evangelische Kirche stellten ihre Unterlagen dem NS-Staate bereitwillig zur Verfügung. Besonders eifrig bei der Durchführung der erbbiologischen Erfassung war die evangelische Landeskirche Mecklenburg, deren Landesbischof Schulz ein fanatischer Nazi war.

In den Augen der mecklenburgischen Kirchenführung war das deutsche Volk seit Jahrhunderten einer mehr oder weniger systematisch betriebenen ›blutsmäßigen Verjudung‹ ausgesetzt. Diese zu erfassen und durch Taufregister und ›Judenkarteien‹ zu belegen, scheute man keinen Aufwand...

Die Ermordung hunderttausender jüdischer Männer, Frauen und Kinder bis Ende 1941 auf dem eroberten Terrain der Sowjetunion war der Kirchenführung bekannt. Anfang November 1941 hatten die ersten Massendeportationen deutscher Juden nach Minsk begonnen. Dessen ungeachtet veröffentlichten die protestantischen Kirchen von Mecklenburg, Thüringen, Sachsen, Hessen-Nassau, Schleswig-Holstein, Anhalt und Lübeck nach einem schweren Bombenangriff der englischen Luftwaffe am 17.Dezember 1941 eine Erklärung, in der es hieß, die Juden könnten aufgrund der Eigenheit ihrer Rasse durch Taufe nicht erlöst werden, sie seien für den Krieg verantwortlich und geborene ›Welt- und Reichsfeinde‹. Daher ›seien schärfste Maßnahmen gegen die Juden zu ergreifen und sie aus Deutschland auszuweisen‹. Damit billigten die Landeskirchen offiziell und aus eigener Überzeugung den Massenmord an der jüdischen Bevölkerung im deutschen Machtbereich. Nach dem Ende der NS-Herrschaft wurden die protestantischen Landeskirchen auch in der sowjetischen Besatzungszone weitgehend geschont. Die Pfarrer blieben während der Entnazifizierungsphase fast ausnahmslos im Amt. Das gilt auch für den mecklenburgischen Pfarrer Gerhard Schmitt.« Pfarrer Gerhard Schmitt war bekannter weise der von Gauck in seinen »Erinnerungen« unterschlagene, aber von ihm hoch geachtete Ziehvater »Onkel Schmitt«.

Anmerkungen

1   Zitiert nach: Joachim Gaucks totalitäre Aufklärung – DER FREITAG vom 22.5.2010

2   SÜDDEUTSCHE ZEITUNG vom 17.6.2005

3   Helmut Schmidt »Religion in der Verantwortung« a.a.O. S. 203

4   »Glaube, Sitte, Heimat« vom 19.3.2012

5   FAZ vom 8.3.2012

XI. Joachim Gauck – der ungeeignete Präsident

Mit dem Antritt des Amtes legt der Bundespräsident gemäß Artikel 56 des Grundgesetzes einen Eid ab. »Ich schwöre, dass ich meine ganze Kraft dem Wohle des deutschen Volkes widmen, seinen Nutzen mehren, Schaden von ihm wenden, das Grundgesetz und die Gesetze des Bundes wahren und verteidigen, meine Pflichten gewissenhaft erfüllen und Gerechtigkeit gegen jedermann üben werde. So wahr mir Gott helfe.«

In der Homepage des Bundespräsidialamtes kann man darüber hinaus erfahren, welche staatsrechtlichen Anforderungen an das Hohe Amt gestellt werden: »Der Bundespräsident steht als Staatsoberhaupt protokollarisch an der Spitze des Staates. Er ist das Verfassungsorgan, das die Bundesrepublik Deutschland nach innen und außen repräsentiert. Dies geschieht, indem der Bundespräsident durch sein Handeln und öffentliches Auftreten den Staat selbst – seine Existenz, Legitimität, Legalität und Einheit – sichtbar macht.«

»Prägung des Amtes durch die Person – Der Bundespräsident ist das einzige Verfassungsorgan, das aus nur einer Person besteht. Die Persönlichkeit des Amtsinhabers prägt deshalb zwangsläufig die Amtsführung in besonderem Maße ... Die ihm auferlegte parteipolitische Neutralität und Distanz zur Parteipolitik des Alltags geben ihm die Möglichkeit, klärende Kraft zu sein, Vorurteile abzubauen, Bürgerinteressen zu artikulieren, die öffentliche Diskussion zu beeinflussen, Kritik zu üben, Anregungen und Vorschläge zu machen.«[1]

Ein Präsident kann nur Kraft seiner Rede politisch wirken, heißt es. Gauck sei ein begnadeter Redner, heißt es auch. Aber was hat der Herr Präsident bisher ausgesagt? Die FAZ stellt fest: »Joachim Gauck redet gut, aber oft zu viel. Als Präsident muss er neue Themen finden. Seine Tränen muss er sparen, seine Eitelkeit kontrollieren… Freiheit, Demokratie und Verantwortung, Gaucks Großthema, ist für einen Bundespräsidenten ein Muss. Es ist freilich sein einziges Thema … Gauck hingegen sagt gar nichts, wenn auch sehr schön«, spottet ein Landespolitiker der CDU.«[2]

Wir haben nicht die Absicht, alle Gauckschen präsidialen Reden zu analysieren. Jedoch stellen wir Gemeinsamkeiten fest. Gauck lässt kaum eine Rede aus, ohne sein Amt dahingehend zu missbrauchen, seinen Frust an der vor fast einem viertel Jahrhundert untergegangenen DDR abzureagieren. Diese Diktion prägt seine ersten präsidialen Reden. In letzter Zeit wird auch zunehmend eine inhaltliche Leere zelebriert. Die Reden sind flach, oberflächlich, dringen nie zu den Wurzeln vor, sondern beschreiben Zustände, nicht Ursachen. Gaucks Reden haben ein zunehmend unerträgliches pastorales Pathos, das sich immer wieder um seine abstrakten Ideale rankt.

Die ersten Reden im Ausland

Nach seiner Inthronisierung hielt Gauck seine ersten präsidialen Reden bei seinem Wunsch-Auslandsbesuch in Polen. Man fiel sich geistig und körperlich in die Arme ob der großen Verdienste bei der Überwindung des Kommunismus. Zu Gaucks schriftlich revanchistisch niedergelegten Auffassung, dass »*Einheimischen wie Vertriebenen der Verlust der Heimat als grobes Unrecht, das die Kommunisten noch zementierten, als sie die Oder-Neiße-Grenze als neue deutsch-polnische Staatsgrenze anerkannten*«[3] – kein Wort der Entschuldigung oder des Bedauerns.

»Auweia! Da fliegt Joachim Gauck auf seiner zweiten Auslandsreise zum Antrittsbesuch nach Brüssel und erzählt der Welt, was die Deutschen zu tun und zu lassen haben. Doch damit nicht genug. Mit einem einzigen Satz zerschießt er den Tempel des Rechtsstaates, spricht gegen das Bundesverfassungsgericht, und degradiert die Karlsruher Richter zu willfährigen Vollstreckern der Macht.«[4] Die präsidialen Sätze lauten: »*Ich gehe davon aus, dass Karlsruhe nicht gegen die Instrumente zur Euro-Rettung vorgehen wird ... Die Euro-Rettungsschirme werden von der Bevölkerung akzeptiert.*« »*Ich sehe nicht, dass unsere Bereitschaft, Rettungsschirme aufzuspannen, durch das Bundesverfassungsgericht konterkariert wird.*«

Da saß der neue »Präsident der Herzen« aber im Fettnäpfchen! Gerade er, der Gottesanbeter des Rechtsstaates, brüskiert dessen höchste Repräsentanz. Eilig beeilten sich die Herrschaften aus Karlsruhe zu signalisieren, wer in diesem Land das Sagen hat. Doch nicht etwa der Herr Bundespräsident, denn nicht umsonst hatte Verfassungsgerichtspräsident Vosskuhle das »ehrenhafte« und vergiftete Angebot der Kanzlerin, selbst Bundespräsident zu werden, abgelehnt. Auch die Frau Kanzlerin oder Bundestag und Bundesrat haben im gepriesenen Rechtsstaat nicht das letzte Sagen, sondern acht »rote« Richter. Sie haben ihren Status genossen und nicht nur Regierung, Parlament und Bundespräsident, sondern ganz Europa hingehalten, bis sie Mitte September gnädigst entschieden haben. Aber was? Substanziell natürlich gar nichts, aber Macht haben sie demonstriert. Ansonsten: Nur das Parlament ist zuständig, womit sich der Kreis der Lächerlichkeiten schließt. Und: Sie haben dem Herrn Bundespräsident erlaubt, nun die Gesetze zu unterschreiben. Der Herr Präsident bedankt sich dann artig bei seinem Antrittsbesuch in Karlsruhe: »*So krönt das Bundesverfassungsgericht unseren Rechtsstaat.*« Und in einem Interview mit dem DEUTSCHLANDFUNK vom 30. September 2012 werden alle Irritationen beseitigt: Auf die Frage, ob Herr Präsident etwa Druck aus Karlsruhe verspürt habe, antwortet er: »*Nein, die Situation auf die Sie abzielen in Ihrer Frage, ist eher aus Versehen entstanden...Durch eine möglicherweise etwas unglückliche Presse-verlautbarung aus Karlsruhe ist dann der Eindruck entstanden, Karlsruhe hätte Druck auf mich ausgeübt. Diesen Eindruck habe ich nicht gehabt.*«[5]

Herr Präsident flog sodann nach Israel und Palästina. Wir wollen nicht die medial hochstilisierte angebliche Differenz zwischen Herrn Gauck und Frau Merkel über die Interpretation der Beistandsverpflichtung Deutschlands gegenüber Israel kommentieren. Uns geht es um etwas anderes. Kurz vor seinem Nahost-Besuch hatte sich doch der Präsident ganz fürchterlich über die Verletzung elementarer Menschenrechte aufgeregt. Blaue Flecken am Körper der ukrainischen Julia Timoschenko als Ausdruck schwerer Misshandlungen und Symbol des Unrechtsstaates waren ihm Anlass genug, die Fußball-Europameisterschaft schlichtweg zu boykottieren. Ob darüber die Veranstalter sehr enttäuscht waren, steht auf einem anderen Blatt. Wenige Tage später reist der Präsident nach Israel. Tausende Palästinenser schmachten über Jahre hinweg ohne Urteil in israelischen Gefängnissen. Sie haben sicher mehr als blaue Flecke davon getragen. »Israel gehört zu den Staaten mit den meisten politischen Gefangenen in der Welt. Im Dezember 2011 zählte man 4.772 Inhaftierte, darunter 309, gegen die niemals gerichtlich verhandelt worden ist...Seit 1967 hat der zionistische Staat mehr als 750.000 Palästinenser – Frauen und Kinder inbegriffen – für längere oder kürzere Zeit ihrer Freiheit beraubt.«[6] Darüber kein Wort des rechtsstaatlich freiheitsverliebten Präsidenten!

Aus seinen sonstigen Reden greifen wir einige heraus, die mit am meisten Widerspruch erfordern und erhalten haben.

Rede zum Seniorentag –
und die Enttäuschung der Menschen

Am 3. Mai 2012 eröffnet Bundespräsident Gauck den 10. Deutschen Seniorentag. *»Es ist schön hier zu sein. Viele Menschen sind zusammen gekommen, um miteinander ›Ja‹ zu sagen zum Alter.«* In diesem Stil geht es weiter, er plaudert von seinen Enkeln und dass er bald zum dritten Mal Urgroßvater wird. Das politische Resümee seines Vortrages lautet: Leute freut Euch auf das Altwerden, *»die gewonnenen Lebensjahre schenken uns Freizeit und –* natürlich *– Freiheit«* und *»sie geben uns zugleich die Verantwortung auf, unser Leben selbst zu gestalten.«* Denn: *»Meine Damen und Herren, Selbstverantwortung ist in unserer Gesellschaft ein hoher Wert.«* Kein Wort über die Sorgen der Menschen vor Altersarmut und Rentenunsicherheit. Erst Recht kein Wort über die Benachteiligung der Ostdeutschen bei der Rentenberechnung. Mahnende Worte zum Rentenstrafrecht hatte bestimmt niemand vom Präsidenten erwartet, aber ein mahnender Appell an die Kanzlerin, endlich ihre Versprechen zur Herstellung der Rentengerechtigkeit einzulösen, wurde auch nicht ausgesprochen.

Mehrere Verbände und Seniorenvertretungen wenden sich daraufhin an den Bundespräsidenten. Ihr Anliegen: Bitte machen Sie Ihren politischen Einfluss geltend, um die Menschen vor Altersarmut und Rentenungerechtigkeit zu bewahren. Der »Bundespräsident der Herzen« lässt herzlos antworten: Nicht zuständig. »Der Präsident kann keine Gesetze initiieren. Wenden Sie sich an das zuständige Ministerium oder die Fraktionen des Bundestages.«

Anfragen zu grundsätzlichen politischen Problemen werden überhaupt nicht beantwortet oder als Diffamierung abgetan.

BUNDESPRÄSIDIALAMT

BERLIN, 28. Juni 2012
Spreeweg 1

Geschäftszeichen: 12- 433 20-11-2/12
(bei Zuschriften bitte angeben)

An die
Unabhängige Seniorenvertretung Weimar
Herrn Dr. Hans-Jürgen Paul
Prager Straße 18

99427 Weimar

Sehr geehrter Herr Dr. Paul,

Bundespräsident Joachim Gauck hat mich gebeten, für Ihren Brief vom 21. April 2012 zu danken und zu antworten.

Ihre Darlegungen sind hier aufmerksam gelesen worden. Die Erwartungen, die Sie mit Ihren Zeilen an den Bundespräsidenten verbunden haben, muss ich leider enttäuschen: Der Bundespräsident verfügt nach unserem Grundgesetz nicht über ein Recht, Gesetze zu initiieren oder bestehende gesetzliche Regelungen zu ändern. Damit kann er auch nicht den allein dazu befugten gesetzgebenden Organen Anweisungen für bestimmte Regelungsinhalte geben. Ich kann Ihnen nur anheim stellen, sich ggf. an das innerhalb der Bundesregierung zuständige Bundesministerium oder die im Deutschen Bundestag vertretenen Fraktionen zu wenden. Für diese Grenzen seines Amtes bittet der Bundespräsident um Ihr Verständnis.

Mit freundlichen Grüßen
Im Auftrag

Wolfgang Lackner

Briefanschrift: Bundespräsidialamt 11010 Berlin, Internet: http://www.bundespraesident.de
E-Mail: poststelle@bpra.bund.de

Telefon: (030) 2000 - 0   Behördennetz: (030) 18 200 - 0   (Durchwahl: - 2132)
Telefax: (030) 2000 - 1999 Behördennetz: (030) 18 200 - 1999 (Durchwahl: - 1915)

Faksimilie Bundespräsidialamt an unabhängige Seniorenvertretung Weimar

Rede vor der Bundeswehr – und die Schreie der Entrüstung

Das fünfte Gebot: Du sollst nicht töten.

Was heißt das? Wir sollen Gott fürchten und lieben, dass wir unserm Nächsten an seinem Leibe keinen Schaden noch Leid tun, sondern ihm helfen und beistehen in allen Lebenslagen.

Am 12. Juni 2012 absolviert Präsident Joachim Gauck seinen Antrittsbesuch bei der Bundeswehr. Er hat sich dafür die Führungsakademie in Hamburg ausgesucht. Im Publikum sitzen auch Offiziere aus dem Ausland. »Diese militärische Ausbildungshilfe bietet die Bundesrepublik seit 50 Jahren an. Die Idee: Deutschland vermittelt den Soldaten ein wenig militärisches Knowhow und viel demokratisches Gedankengut. Mit Gauck könnte man sagen: Es ist der Versuch, das deutsche Demokratiewunder zu exportieren.«[7] Wenn der Export des Demokratiewunders schief geht, sind das Kollateralschäden. »Es ist der 28. September 2009, als der deutsche Putschist in Conakry, der Hauptstadt Guineas, seine Macht demonstriert. Seine Truppen pferchen Tausende Menschen in einem Stadion ein, schießen wahllos in die Menge und vergewaltigen Dutzende Frauen. Mindestens 157 Menschen sterben, schreiben UN-Mitarbeiter später in ihrem Report. Etwa ein Jahr hielt sich Moussa Dadis Camara im westafrikanischen Guinea an der Macht. Im Staatsfernsehen präsentierte er sich mit einem roten Barett, daran ein Abzeichen, das dem der deutschen Fallschirmjäger ähneln soll. In den Medien wurde Camara deshalb der ›deutsche Putschist‹ genannt, in Interviews schwärmte er von den Jahren, als er von der Bundeswehr ausgebildet wurde – zunächst zum Logistiker, später zum Kompaniechef und Hauptmann.«[8]

Gauck hindern solche »Kollateralschäden« nicht daran, in seiner Rede die Bundeswehr im Allgemeinen und die Bildungsstätte

Während seiner Rede vor der Führungsakademie der Bundeswehr am 25.6.2012 erweist Gauck der Dienstflagge der Bundeswehr seine Referenz.

im Besonderen auf das Höchste zu lobpreisen. Zunächst aber beginnt seine Rede mit einer Anbiederung an den Zuhörerkreis gefolgt von einer wüsten Beschimpfung der DDR. Da die präsidialen Entgleisungen für den Bürger kaum zu glauben sind, kommen wir nicht umhin, größere Auszüge aus dieser skandalösen Rede zu dokumentieren.

Vorangestellt sei ein Auszug aus den verteidigungspolitischen Richtlinien des »Bundesministeriums für Verteidigung, Abschnitt III«. Die Richtlinien definieren Deutschlands Sicherheitsinteressen. »Zu den Sicherheitsinteressen gehören (auch): ... einen freien und ungehinderten Welthandel sowie den freien Zugang zur Hohen See und zu natürlichen Ressourcen zu ermöglichen.«

Redeauszüge von Bundespräsident Gauck vor der Führungsakademie der Bundeswehr:

»*Ich habe mich auf meinen Antrittsbesuch bei der Bundeswehr ganz besonders gefreut. Sie können sich wahrscheinlich nur sehr bedingt vorstellen, warum das so ist und warum ich so gerne zu Ihnen gekommen bin... Soldaten und Militär – das war nämlich in meinem früheren Leben allgegenwärtig, in den Gesellschaften, in denen ich lebte bis zu meinem 50. Lebensjahr. Es sind keine guten Gefühle, die in mir hochkommen, wenn ich an diese Zeit denke. Wenn ich mich erinnere an all diese Aufmärsche, an die Militarisierung unserer Schulen, an die Erziehung zum Hass auch im Offizierscorps und unter den Soldaten, an die Ablehnung eines Zivildienstes durch Partei und Staat, an die militärische ›Absicherung‹ einer unmenschlichen Grenze –und zwar nicht gegen einen Aggressor, sondern gegen das eigene Volk. Ich habe also in einem Land gelebt, in dem die Armee einer Partei verpflichtet war. Eine Armee, die ›Volksarmee‹ hieß, es aber nicht war. Eine Partei, die von sich behauptet hat, den Volkswillen zu vertreten und die sich nicht gescheut hat, Soldaten unter Umständen auch gegen das Volk einzusetzen. Ich habe das Militärische also kennen gelernt als eine – nicht nur physische – Begrenzung von Freiheit.*«

Zu DDR-Zeiten, Herr Gauck, meinten Sie gegenüber einem Vertreter der Staatsmacht –folgendes:

»Sozialismus und Pazifismus gehören an sich zusammen. Sie werden sich auch später wieder vereinen. Jetzt schadet der Pazifismus. Der Friede im Zeitalter der Atombombe muss verteidigt werden. Viele junge Menschen, die den Wehrdienst verweigern wollten, habe ich nachweislich davon überzeugt, dass Soldat sein mit der Waffe in dieser Zeit das einzig Richtige ist. Ich achte aber auch sehr die Loyalität des Staates durch die Möglichkeit als Bausoldat zu dienen. Ich bin gegen die Militarisierung der Gesellschaft, aber nicht gegen den Wehrdienst.«[9]

Welche Ihrer Meinungen ist ernst zu nehmen?

Der Verteidigungsminister der Modrow-Regierung Theodor Hoffmann gibt uns nachfolgende Antwort zum »Einsatz der Armee gegen das eigene Volk«

»Die im Artikel 7 der Verfassung der DDR festgelegten Aufgaben sahen einen Einsatz der Nationalen Volksarmee nur bei Angriffen von außen vor. Es gab auch keine Gesetze der Volkskammer, die andere Akzente setzten. In der von mir genannten Zeit erhielt ich keine Befehle und erteilte selbst auch keine Befehle zum Einsatz mir unterstellter Truppen und Flottenkräfte gegen das eigene Volk. Selbst in den kritischen Tages des Herbstes 1989 wies der Verteidigungsminister der DDR Armeegeneral Keßler eindeutig an: Die Nationale Volksarmee schießt nicht auf das eigene Volk.

Armeegeneral Keßler war ja nicht nur Verteidigungsminister. Er war auch ein enger Vertrauter Erich Honeckers, was seiner Weisung zusätzliches Gewicht gab. Als ich vor meiner Wahl zum Minister für Nationale Verteidigung zum Gespräch beim Vorsitzenden des Nationalen Verteidigungsrates, Egon Krenz, war, formulierte er als eine meiner Hauptaufgaben, dafür zu sorgen, dass sich die Ereignisse friedlich vollziehen.

Das unterstrich auch der Ministerpräsident, Hans Modrow, im Gespräch mit mir, der forderte auch den friedlichen Charakter innerhalb der Nationalen Volksarmee zu wahren. Diese Weisungen und ihre strikte Durchsetzung lagen im Interesse aller Armeeangehörigen. Es erfolgte kein Einsatz der Armee gegen das eigene Volk. Es fiel kein einziger Schuss. Die Sicherheit des großen Bestandes an Waffen und Munition war ständig gewährleistet.«

Weiter aus der Hamburg-Rede von Bundespräsident Gauck

»*Und nun stehe ich vor Ihnen hier in Hamburg als Bundespräsident des vereinigten Deutschland. Ich stehe vor der Bundeswehr, zu der ich seit zweiundzwanzig Jahren auch ›meine Armee‹ sagen kann. Und bin froh, weil ich zu dieser Armee und zu den Menschen, die hier dienen, aus vollem Herzen sagen kann: Diese Bundeswehr ist keine Begrenzung der Freiheit, sondern eine Stütze der Freiheit.*«

Freiheit heißt auch: Hingabe des eigenen Lebens

»*Freiheit, so haben wir gelernt, ist ohne Verantwortung nicht zu haben. Sie entbehrt auch ihres Wertes und ihrer Würde ohne diesen Begriff. Für Sie, liebe Soldatinnen und Soldaten, ist diese Haltung schrittweise selbstverständlich geworden. Ist sie es auch in unserer Gesellschaft? ... Manche vergessen allzu gern, dass eine funktionierende Demokratie auch Einsatz erfordert, Aufmerksamkeit, Mut und eben manchmal auch das Äußerste, was ein Mensch geben kann: das Leben, das eigene Leben. Diese Bereitschaft zur Hingabe ist selten geworden.*«

Kriegerische Ausbildung ist Motor der Verständigung zwischen den Völkern

»*Und durch die Tore dieser Führungsakademie laufen täglich Militärangehörige aus 60 Nationen. Gemeinsame Einsätze mit befreundeten Streitkräften und insbesondere auch Ausbildungen wie der Lehrgang Generalstabs-/Admiralsstabsdienst mit internationaler Beteiligung,* der heute sein 50. Jubiläum feiert, sind wichtige Motoren der Verständigung zwischen ganz unterschiedlichen Völkern. Ich gratuliere Ihnen zu dieser Tradition. Die Bundeswehr ist – gerade durch solche Lehrgänge und Begegnungen – zu einem Friedensmotor geworden. Sie befördert das große »Wir«, ohne das ein dauerhafter Friede nicht möglich ist.«

Bundeswehr im Auslandseinsatz – wer hätte das vor 20 Jahren für möglich gehalten?

»Die Bundeswehr auf dem Balkan, am Hindukusch und vor dem Horn von Afrika, im Einsatz gegen Terror und Piraten – wer hätte so etwas vor 20 Jahren für möglich gehalten? Sie, liebe Soldatinnen und Soldaten, werden heute ausgebildet mit der klaren Perspektive, in solche Einsätze geschickt zu werden – mit allen Gefahren für Leib, Seele und Leben.«

Gauck im Bundeswehrfeldlager in Afghanistan

Die authentische Meinung Joachim Gaucks zu DDR-Zeiten

»Ich betrachte das Wirken der Sowjetunion besonders für den Frieden und bei der Unterstützung der nationalen Befreiungsbewegungen als sehr positiv. Aber: Was soll die Sowjetunion in Afghanistan? Soll doch die Revolution des Volkes siegen, wie z.B. in Angola und Nicaragua.«[10]

Gegenfrage: Was soll die Bundeswehr in Afghanistan?

Hamburger Rede: Deutsche Gefallene sind in unserer Glücksgesellschaft schwer zu ertragen

»Zum anderen ist es aber so, dass bei vielen ein Nicht-Wissen-Wollen existiert … Wir denken eben nicht gerne daran, dass es heute in unserer Mitte wieder Kriegsversehrte gibt. Menschen, die ihren Einsatz für Deutschland mit ihrer seelischen oder körperlichen Gesundheit bezahlt haben. Und noch viel weniger gerne denken wir daran, dass es wieder deutsche Gefallene gibt, das ist für unsere glückssüchtige Gesellschaft schwer zu ertragen.«

Einsatz militärischer Gewalt muss man gut begründen

»Allerdings müssen wir dann, wenn wir zu dem letzten Mittel der militärischen Gewalt greifen, diese gut begründen. Wir müssen diskutieren: darüber, ob wir mit ihr die gewünschten Ziele erreichen oder ob wir schlimmstenfalls neue Gewalt erschaffen. Wir müssen auch darüber diskutieren, ob wir im Einzelfall die Mittel haben, die für ein sinnvolles Eingreifen nötig sind.«

Bundeswehr ist Garant der friedlichen Koexistenz

»Unsere Bundeswehr hat sich von unseligen Traditionen gelöst, sie ist fest verankert in einer lebendigen Demokratie. Sie hat deshalb unser Zutrauen verdient, nicht nur in Debatten um den »gerechten Krieg«, sondern auch einem »gerechten Frieden« den Weg zu bahnen, indem sie beiträgt zur Lösung von Konflikten, indem sie friedliche Koexistenz zu schaffen sucht, dort wo Hass regiert.«

Es ist die klein-karierte Vorstellungswelt des Pfarrers Joachim Gauck, die sich in dieser Rede widerspiegelt. Unsere kleine »freiheitliche« Welt ist in Ordnung. Die Soldatinnen und Soldaten sind dazu da, diese Ideale in die Welt der Unfreien hinaus zu tragen. Dafür muss man gut gerüstet – aufgerüstet – sein und die Einsätze gut begründen. Opfer – Gauck spricht in national bezeichnender Weise nur von denen unter den deutschen Soldaten – gehören zu seiner Vorstellung der endlich seit 20 Jahren errungenen demokratischen Freiheit dazu.

Im Dienstzimmer des Stadtjugendpfarrers Gauck hingen zu DDR-Zeiten an der Wand zwei zentrale Losungen: » Macht Schwerter zu Pflugscharen« und »Stellt Euch vor es ist Krieg und keiner geht hin.«

In seiner berühmt-berüchtigten Predigt in der Heiligen-Geist-Kirche in Rostock am 24.9.1982 vor ca. 700 Jugendlichen erklärte Gauck: »*Früher und heute werden Christen irregeführt, um als Soldat zu dienen. Es gibt aber keinen gerechten oder ungerechten Krieg.*« [11] Und heute?

Zustimmung zur Hamburger Rede von Joachim Gauck gibt es wenig. Der Evangelische Militärbischof Martin Dutzmann (Detmold) nimmt Gauck in Schutz. »Dutzmann dankte dem Staatsoberhaupt.« [12] Ansonsten regt sich fulminanter Widerspruch. In Leserbriefen und Internetforen machen ungezählte Bürger aus ihrer Ablehnung der Gauckschen Kriegsrhetorik kein Hehl. Bei vielen löste sie einen Sturm der Entrüstung aus.

Der Theologe Peter Franz klärt seinen »Amtskollegen« in wenigen Worten auf: »Kriege werden gebraucht, um ein todbringendes System zu erhalten, das märchenhafte Gewinne für wenige, aber eine Armutei für die meisten anderen bringt. Protestiert!«

Der Internationale Versöhnungsbund, Deutscher Zweig – Minden – erklärt: »Mit Entsetzen und Empörung haben wir die Rede bei der Führungsakademie vernommen.« Er klärt den Herrn

Präsidenten über die Verteidigungspolitischen Richtlinien der Bundesregierung zur Rohstoffsicherung auf und entlarvt das kriegerische Freiheitsgeschwätz als eine »Rechtfertigung und Verharmlosung von Kriegseinsätzen.«

Der Bundesausschuss Friedensratschlag – Kassel – argumentiert ähnlich und weist den Herrn Präsidenten auf Grundgesetz und UN-Charta hin. »Eines können wir nicht nur für den Bundesausschuss Friedensratschlag, sondern für die Friedensbewegung insgesamt sagen: Von diesem Präsidenten werden wir nicht vertreten.«

Die »Rationalgalerie« (www.rationalgalerie.de) zieht unter der Überschrift »Der Kriegs-Gauck – Auf Heinrich Lübkes Spuren an der ›Führer-Akademie‹« Vergleiche: »Der Soldat der Bundeswehr kann in die Lage kommen, einmal gegen eigene Landsleute kämpfen zu müssen. Mit diesem Problem ist ein Gefühls- und Gewissenskonflikt angesprochen, den nur Menschen mit einer festen inneren Bindung an die politische Idee der westlichen Welt und damit auch unserer Bundesrepublik lösen können. – Nein, das ist nicht die nächste, noch geheime Gauck-Rede zum Einsatz der Bundeswehr im Inneren. Das ist der Originalton von (Amts-Amts-Vorgänger) Heinrich Lübke, der 1961 vor derselben Akademie die Offiziere auf den Kampf gegen die Soldaten der DDR einstimmte. Aber der Präsident Lübke – der, als wir noch einen richtigen Krieg führten, für seine Baustelle in Peenemünde gern KZ-Häftlinge anforderte – konnte immer hin auf seine fortgeschrittene Zerebralsklerose verweisen. Was Gauck zu seiner Entschuldigung vorweisen kann, ist ungewiss. Vielleicht eine feste innere Bindung an ein Wertesystem, in dem Kriege von Vietnam bis zum Irak, immer nur in bester Absicht geführt worden sind.«

Gauck in Afghanistan 2013: »*Deutsche Gefallene sind in unserer Glücks-gesellschaft schwer zu ertragen.*«

Gauck im Ehrenhain in Masar i Sharif für die in Afghanistan umgekommenen Bundes-wehrsoldaten

Gauck in Genf

»Es ist wichtig, dass der Menschenrechtsrat der Vereinten Nationen
die Achtung der Menschenrechte in allen Staaten
ohne Unterschiede überprüft.«
Niederschrift und Dokumente mit freundlicher Unterstützung der Gesell-schaft zum Schutz von Bürgerrecht und Menschenwürde e.V. – GBM

Am 25. Februar 2013 trat der Bundespräsident – als erstes deut-sches Staatsoberhaupt – vor den Menschenrechtsrat der Ver-einten Nationen. Mit viel Pathos wurde von ihm das Hohelied der Menschenrechte gesungen – natürlich nur im Allgemeinen. »*Menschenrechte gelten nicht nur universell, sie sind zugleich unteil-bar. Die wirtschaftlichen, sozialen und kulturellen Rechte und die po-litischen und bürgerlichen Freiheiten gehören untrennbar zusammen.*«

Sein Blick richtet sich natürlich nur auf »Diktaturen« dieser Welt und vorrangig rückwärts auf die DDR. *»Die DDR, in der ich lebte, war – wie andere kommunistische Regime in Mittel- und Osteuropa – einer der Staaten, die sich auf dem Papier zwar zu den Menschenrechten bekannten, die Freiheitsrechte in der Realität aber mit Füßen traten. Ich habe erfahren, wie wichtig und ermutigend es für diejenigen ist, die unter Menschenrechtsverletzungen leiden, wenn die Staatengemeinschaft auch ihre Heimatländer in die Pflicht nimmt.«*

Wie steht es diesbezüglich um Gaucks Heimatland? Die Lage in »seiner« Bundesrepublik ist offenkundig bestens. *»Unser Land stellt sich in diesem Jahr zum zweiten Mal dem Verfahren der universellen Staatenprüfung. Die Fragen anderer helfen uns, noch besser zu werden. Unser Land ist ein vielfältiges Land. Wir wollen respektvoll miteinander leben, unabhängig davon, woher wir stammen oder worauf sich unser Glaube bezieht ... Sie können sicher sein: Deutschland wird die Arbeit des Menschenrechtsrates immer unterstützen und dabei besonders die Verständigung zwischen den Regionen fördern.«*

Der Menschenrechtsrat der Vereinten Nationen sieht das anders. Der Ausschuss über wirtschaftliche, soziale und kulturelle Rechte kritisiert seit Jahren ganz entschieden auch die Menschenrechtslage in der von Gauck so hoch gelobten Bundesrepublik Deutschland. Der letzte Überprüfungsbericht stammt vom Mai 2011. In diesem Bericht bringt der Ausschuss über 30 mal seine Besorgnis über die Menschenrechtslage in der BRD zum Ausdruck und erklärt, »dass viele seiner früheren Empfehlungen nach der Prüfung des dritten und des vierten periodischen Bericht des Vertragsstaates nicht umgesetzt worden sind und dass die Vertragsbestimmungen durch die nationalen Gerichte des Vertragsstaates nicht angewandt wurden.«

Explizit kritisiert der Menschenrechtsausschuss der UNO u. a.: Die Subventionspolitik beim Export von Lebensmitteln in Ent-

United Nations   E/C.12/DEU/CO/5

Economic and Social Council

Distr.: General
20 May 2011
**ADVANCE UNEDITED
VERSION**

Original: English

> **Anmerkung:** Die vorliegende Übersetzung erfolgte aus dem englischen Original und ist ohne Gewähr für die Richtigkeit und/oder Eindeutigkeit.

Ausschuss über wirtschaftliche, soziale und kulturelle Rechte
46. Sitzung
Genf, 2. bis 20 Mai 2011

Überprüfung der Berichte der Vertragsstaaten nach Artikel 16 und 17 der Vereinbarung

Abschließende Betrachtungen des Ausschusses über wirtschaftliche, soziale und kulturelle Rechte

Deutschland

1.   Der Ausschuss über wirtschaftliche, soziale und kulturelle Rechte überprüfte den fünften Bericht Deutschlands über die Erfüllung der Internationalen Vereinbarung über wirtschaftliche, soziale und kulturelle Rechte (E/C.12/DEU/5) auf seinen neunten bis elften Sitzungen, durchgeführt vom 6. bis 9. Mai 2011 (E/C.12/2011/SR. 9-11), und beschloss auf seiner 29. Sitzung vom 20. Mai 2011 die folgenden abschließenden Betrachtungen.

C. Wesentliche Themenkreise der Bedenken und Empfehlungen

6.   Der Ausschuss ist zutiefst besorgt darüber, dass viele seiner früheren Empfehlungen nach der Prüfung des dritten und der vierten periodischen Bericht des Vertragsstaates nicht umgesetzt worden sind, wie in den vorliegenden abschließenden Bemerkungen ausgewiesen wird.

> Der Ausschuss fordert den Vertragsstaat aus, alle erforderlichen Maßnahmen zu ergreifen, um die früheren Empfehlungen des Ausschusses, welche in den vorliegenden Abschließenden Bemerkungen wiederholt werden, zu erreichen.

7.   Der Ausschuss zeigt sich weiterhin darüber besorgt, dass die Vertragsbestimmungen durch die nationalen Gerichte des Vertragsstaates nicht angewandt wurden.

> Der Ausschuss fordert den Vertragsstaat dazu auf, alle erforderlichen Maßnahmen zu ergreifen, um eine wirksame Anwendung der Vertragsbestimmungen durch nationale Gerichte sicherzustellen, unter anderem durch die Sensibilisierung von Richtern, Rechtsanwälten und anderen an der Strafverfolgung beteiligten Beamten für diese Verpflichtung und die Vertragsbestimmungen. In diesem Zusammenhang verweist der Ausschuss den Vertragsstaat auf seine allgemeinen Bemerkungen Nr. 3 (1990) und 9 (1998) bzw. auf die Art seiner vertragsstaatlichen Verpflichtungen und auf die innerstaatliche Anwendung des Vertrages.

8.   Der Ausschuss bedauert, dass der Vertragsstaat nicht nach den früheren Empfehlungen des Ausschusses gehandelt hat, die Kompetenz des Deutschen Instituts für Menschenrechte zur Beschwerdeprüfung zu erweitern.

Faksimile Überprüfunsbericht des Sozialausschusses der UNO zu Deutschland wicklungsländer; die Investitionspolitik deutscher Unternehmen im Ausland ohne gebührende Beachtung der Menschenrechte; die Behinderung von Migranten bei der Bildung und Beschäftigung; die Situation von Asylsuchenden (Gauck: *Unser Land steht zu den humanitären Vereinbarungen im Asylrecht*); die doppelt so hohe Arbeitslosenquote in den Ostbundesländern; die geringe Repräsentation von Frauen in Entscheidungspositionen; die unzureichende Anzahl von Einrichtungen zur Kinderbetreuung; die Verpflichtung von Empfängern von Arbeitslosengeld »jede zumutbare Arbeit« anzunehmen; das Urteil des Bundesverfassungsgerichtes zum Existenzminimum; die Diskriminierung ehemaliger Minister und deren Stellvertreter der DDR bei den Rentenansprüchen; die ansteigende Zahl von Menschen, die unter der Armutsgrenze leben und solcher, die Einkommensunterstützung benötigen; die Situation älterer Menschen in Pflegeheimen; die hohe Anzahl von Schülern, die ohne Frühstück zur Schule gehen; die Konzentration der Anzahl von Schülern ohne Abschluss auf sozial schwache Schichten; den zu geringen und vertragswidrigen Zustand bei der Entwicklungshilfe.

Alarmierend sind die Aufforderungen an den »Vertragsstaat« Bundesrepublik Deutschland: »Der Ausschuss ermuntert den Vertragsstaat zur Unterzeichnung und Ratifizierung des freiwilligen Protokolls zum Vertrag … Der Ausschuss fordert den Vertragsstaat auf, die vorliegenden abschließenden Bemerkungen in allen Ebenen der Gesellschaft … zu verbreiten … Darüber hinaus ermutigt er den Vertragsstaat, weiterhin nationale Menschenrechtsorganisationen, Nichtregierungsorganisationen und andere Mitglieder der Zivilgesellschaft in den Prozess der Diskussion auf nationaler Ebene vor der Vorlage des nächsten periodischen Berichts einzubeziehen.«

All das ist nicht erfolgt. Wie meinte der Herr Bundespräsident? »*Für mich entscheidet sich die Glaubwürdigkeit, mit der Staaten sich für Menschenrechte einsetzen, auch an ihrer Bereitschaft, die eigenen Errungenschaften von anderen kritisch befragen zu lassen.«*

Die Regierung der BRD hat zwar am 20. Mai 2009 zugesichert, »dass die Möglichkeit der Zeichnung und Ratifizierung geprüft werde«, praktisch erfolgt ist bis heute gar nichts. Mehr noch: Die Regierung der BRD scheut sich, die Kritik des Menschenrechtsrates der UNO überhaupt der Öffentlichkeit zur Kenntnis zu geben. Die deutsche NGO »Gesellschaft zum Schutz von Bürgerrecht und Menschenwürde e.V.« – GBM – erklärt dazu in einer Stellungnahme vom Oktober 2012, dass die dringende Bitte an den Parlamentspräsidenten des Deutschen Bundestages, über die kritischen Positionen der UNO beraten zu lassen, bis heute nicht erfüllt sind.

NGO Submission
UPR on the Federal Republic of Germany
October 2012

Submitted by: Gesellschaft zum Schutz von Bürgerrecht und Menschenwürde (GBM), Berlin, Deutschland, Weitlingstraße 89, Homepage: http://www.gbmev.de
For further information, please contact: ...

---

7. Die GBM sieht sich veranlasst, auf den völlig unangemessenen Umgang der Verfassungsorgane der BRD mit den Concluding Observations des UN Committee on Economic, Social and Cultural Rights zum 5. Bericht der deutschen Regierung über die Verwirklichung des ICESCR (E./C.12./DEU/CO.5), in denen in über 30 Punkten teilweise harsche Kritik an der BRD geübt wird, darunter auch an der unzureichenden Umsetzung früherer Empfehlungen, hinzuweisen. Der dringlich empfohlenen Popularisierung und Verbreitung der Empfehlungen im Sinne des Punktes 38 der Concluding Observations in der Bundesrepublik Deutschland ist seitens der Regierung der BRD nicht gefolgt worden. Angesichts der Ernsthaftigkeit der in den Concluding Observations zum Ausdruck gebrachten Besorgnisse des UN Committee on Economic, Social and Cultural Rights hat sich die GBM veranlasst gesehen, dem Parlamentspräsidenten der BRD die dringliche Bitte zu übermitteln, den Deutschen Bundestag über die kritischen Positionen und entsprechende Schlussfolgerungen daraus beraten zu lassen. Die Erfüllung dieser Bitte ist ausgeschlagen worden. Das Parlament der BRD hat sich bis zum heutigen Tage nicht mit den ernsthaften Besorgnissen des UN Committee on Economic, Social and Cultural Rights vom Mai 2011 befasst. Darüber hinaus ist mit Besorgnis festzustellen, dass auch die Bundesregierung eine von einer der im Deutschen Bundestag vertretenen Oppositionsparteien eingebrachte Große Anfrage vom 9.3.2012 zur Umsetzung der Concluding Observations des UN Committee on Economic, Social and Cultural Rights (Bundestagsdrucksache 17/8966) bis zum heutigen Tage nicht beantwortet hat.

Auszug aus dem Bericht der Gesellschaft zum Schutz von Bürgerrecht und Menschenwürde e.V. (GBM) an den UNO-Sozialausschuss vom Oktober 2012

Derartig konstruktive Arbeitsweise ist im »Musterland« der Menschenrechte nicht gefragt. Die GBM wurde bereits im Mai 2012 aus dem deutschen Netzwerk von 48 Menschenrechtsorganisationen – dem Forum Menschenrechte (FMR) – unter fadenscheinigen Gründen ausgeschlossen.

Nochmals der Bundespräsident: *»Ich bitte Sie: Betrachten Sie Nichtregierungsorganisationen als Partner und nicht als Gegner. Menschenrechtsorganisationen decken Missstände auf, sie beraten Regierungen und tragen zum Bewusstsein für den Wert der Menschenrechte bei … Staaten, die Kritik unterbinden, sind Unrechtsstaaten.«*

Anmerkungen

1 www.bundespraesident.de: Der Bundespräsident/Verfassungsrechtliche Grundlagen

2 FAZ vom 26.2.2012 »Risiken und Nebenwirkungen« von Markus Wehner

3 Nachwort »Das Schwarzbuch des Kommunismus«, Piper 1999, S. 887

4 www.guentherlachmann.wordpress.com/2012/04/18

5 Interview im DEUTSCHLANDFUNK 30.9.2012

6 ROTFUCHS November 2012, S. 19 gestützt auf »The Socialist Correspondent« – Glasgow

7 SÜDDDEUTSCHE ZEITUNG vom 30.6.2012 »Zum Abschuss frei gegeben«

8 ebenda

9 Gespräch mit Manfred Manteuffel am 8.1.1985

10 ebenda

11 Aus dem Eröffnungsbericht der MfS-Kreisdienststelle Rostock zur Anlegung des OV »Larve« vom 24.3.1983, den Gauck dem LG Rostock in seinem Verfahren vom 22.9.2000 vorgelegt hat.

12 www.kirchenzeitung-mv.de

XII. Das Fazit: Was nun, Herr Präsident?

Die Medientreibjagd auf ihren Vorgänger war erfolgreich. Wie in der Antike im römischen Colosseum wurde Christian Wulff samt Ehefrau verbal der lüsternen Meute zum Fraß vorgeworfen. Ergebnis: Rücktritt vom Amt des Bundespräsidenten, Zerstörung der Familie.

Über ein Jahr lang hat die Staatsanwaltschaft mit großem Aufwand ermittelt. Nun bietet sie mangels vorzeigbarer Beweise einen Deal an: Einstellung des Verfahrens gegen 20.000 Euro. Wulffs Anwälte und ihr Mandant haben den Deal abgelehnt. Welche Vergehen sind es, die die Bundesrepublik Deutschland zutiefst erschüttert und der Justiz reichlich Arbeit verschafft haben, weiß die Presse zu berichten: »Strafrechtlich relevant ist aus Sicht der Ermittler eine Reise des früheren niedersächsischen Ministerpräsidenten Wulff

»Bild« schasst und macht Präsidenten

zum Oktoberfest in München im Jahre 2008. Damals hatte Groenewold einen Teil der Hotelrechnung des CDU-Politikers sowie die Verzehrkosten bei einer Feier im Käfer-Zelt übernommen, angeblich mit dessen Wissen. Dabei soll es um Kosten bis zu 800 Euro (!) gehen ... Die Liste der Vorwürfe, mit denen Wulff seit Dezember 2011 für Schlagzeilen sorgte, war lang und führte zu umfangreichern Nachforschungen der 20-köpfigen (!) Staatsanwaltschaft in Hannover. Dabei ging es auch um zwei Urlaube, die Wulff und seine Ehefrau Bettina im Jahre 2007 und 2008 mit Groenewold auf Sylt verbrachten. Dass der Filmemacher die Urlaube bezahlt haben soll, hatte Wulff stets bestritten ... Die Berliner Staatsanwaltschaft stellte ihre Ermittlungen gegen Wulff ein, weil sie keinen Anfangsverdacht der Vorteilsnahme sah. Dabei ging es um ein geschenktes Bobby-Car für Wulffs Sohn (!), Leasing Konditionen für einen Audi Q3 und Kleider-Sponsoring für Ehefrau Bettina.« [1]

Wegen solchem Firlefanz musste ein Bundespräsident zurücktreten! Könnte der erzwungene Rücktritt von Christian Wulff aber nicht vielleicht ganz andere, politische Ursachen gehabt haben? Wurde das sensationslüsterne Publikum eventuell auf eine total unwichtige Nebenspur geschickt? Hören wir uns die Meinung von Ex-Bundespräsident Christian Wulff in einer seiner wichtigsten Reden zu politischen Grundsatzfragen an.

»Lebenswelten driften auseinander: die von Alten und Jungen; Spitzenverdienern und denen, die vom Existenzminimum leben; von Menschen mit und ohne Arbeitsverhältnis; von Volk und Volksvertretern; von Menschen unterschiedlicher Kulturen und Glaubensbekenntnisse ... Wer lange vergeblich nach Arbeit sucht, sich von einem Job zum nächsten hangeln muss, wer das Gefühl hat, nicht gebraucht zu werden und keine Perspektive erhält, der wird sich enttäuscht von dieser Gesellschaft abwenden. Wer sich zur Elite zählt, zu den Verantwortungs- und Entscheidungsträgern, und sich seinerseits in eine eigene abgehobene Parallelwelt verabschiedet, – auch der wendet sich von dieser Gesellschaft ab. Leider haben wir genau dies erlebt.«[2]

Sind derartige Aussagen vom »Präsidenten der Herzen« auch nur ansatzweise denkbar? Hören wir hinein in die bisher größte – vor allem groß angekündigte – Rede des Bundespräsidenten Joachim Gauck zu Europa vom 22. Februar 2013. Gauck schafft es, eine Stunde lang zu reden, ohne etwas zu sagen. *»Europa hat eine identitätsstiftende Quelle – einen im Wesen zeitlosen Wertekanon«,* meint er. *»Wir versammeln uns für etwas – für Frieden und Freiheit, für Demokratie und Rechtsstaatlichkeit, für Gleichheit, für Menschenrechte, für Solidarität.«* Die Völker Südeuropas wissen diese Solidarität besonders hoch zu schätzen! Deshalb ist der Präsident erschrocken. *»Ich bin erschrocken, wie schnell die Wahrnehmungen sich verzerrten, so als stünde das heutige Deutschland in einer Traditionslinie deutscher Großmachtpolitik ... Wir wollen andere nicht einschüchtern, ihnen auch nicht unbedingt unsere Konzepte aufdrücken.«* Die Troika wird es mit Verwunderung hören. *»Sollten nun deutsche Politiker vereinzelt zu wenig Empathie für die Situation der anderen aufgebracht haben oder konnte Sachrationalität manchmal erscheinen wie Kaltherzigkeit oder Besserwisserei, so war dies sicher die Ausnahme und nicht die Regel.«* Das wird Frau Merkel sicher besonders gern gehört haben.

Solch einen Präsidenten braucht das Land! Ein solcher Präsident kommt an – bei den politischen Eliten des Landes. Die Rede war kaum beendet, da beeilten sich diejenigen, die Christian Wulff in der Versenkung verschwinden ließen und Joachim Gauck auf den Thron gehoben haben, umgehend auf die Großartigkeit des Vortrages zu verweisen. »Eine große Rede hat Joachim Gauck im Februar 2013 gehalten. Sein Bekenntnis zum geeinten Europa«, meint BILD. Spitzenvertreter von SPD und Grünen stimmen in den Chor der Begeisterung ein.

Mehrere Presseorgane sehen das anders. Viele schreiben übereinstimmend von der »Großen Leere« des Vortrages. »In ihrem politikabgewandten Gestus wirkt die Rede des Bundespräsidenten, als wäre sie vor zehn Jahren verfasst worden«, meint der TAGESSPIEGEL.[3]

Große Teile des Volkes werden noch deutlicher. Ein junger Bürger aus Berlin meint: »Es war eine historische Chance, doch Gauck ›der Europäer‹ hat sie vergeben. Mut und Tatkraft wünscht er sich für Europa, doch da sollte er sich erst einmal an der eigenen Nase packen. Der Bundespräsident geizt mit klaren Worten und in seiner Rede degradiert er die Jugend Europas zur Randnotiz – ein Affront.«[4]

Leserstimmen aus dem Süden der Bundesrepublik bekunden: »Am Volk vorbei geredet. Väterchen Gauck sagt uns, was wir wollen sollen.« – »Berufsbedingt war es eine Predigt.« – »Wichtig ist, dass der Mann viel redet und wenig sagt.« – »Die Rede war unnötig und hat niemand vom Hocker gerissen, jedoch hat der Bundespräsident sich den Unmut zugezogen über ein Konstrukt zu sprechen, das er selber nicht versteht…Dieser Schuh ist zu groß für Gauck.« – »Das Gesabbel vom Herrn Bundespräsidenten in Sachen Europa zeigt vor allem eines: Wie unnötig dieses Amt doch ist! Unsere Gesellschaft sollte sich die Freiheit nehmen, dieses Amt zu begraben. Herr Gauck könnte ja dann die Grabrede halten. Amen!«[5]

Was nun, Herr Präsident? Sie beziehen sich in Ihrem 1991 erschienenen Büchlein »Die Stasi-Akten« auf den Psychotherapeuten Hanz-Joachim Maaz aus Halle und erfreuen sich daran, dass Maaz diagnostiziert hat, »Die gesamte ehemalige DDR sei eine kranke Gesellschaft, die einer gründlichen Therapie bedürfe.«[6] Nun hat Maaz eine neue, aktuelle Diagnose über die Gesellschaft der Bundesrepublik im Allgemeinen und die Rolle des Bundespräsidenten im besonderen getroffen. Für die kapitalistische Gesellschaft als Ganzes diagnostiziert er: »Nur etwa 20 Jahre nach dem Untergang des real existierenden Sozialismus ist auch die ›narzisstische Gesellschaft‹ ökonomisch und vor allem politisch-ideell am Ende.«[7]

Hinsichtlich der Rolle des Bundespräsidenten konstatiert Maaz: »Das Präsidentenamt erfordert wirkliche Größe, das heißt primär-narzisstische Sättigung, sonst ist man mit der notwendigen Distanz und Einsamkeit, die mit der Rolle als ›Erster Mann im Staat‹ einhergeht, heillos überfordert … Die Macht des Wortes, die dem Bundespräsidenten gewährt wird, muss die unterschiedlichsten Interessen berücksichtigen und zu versöhnen bemüht sein … Eine zentrale Aufgabe für die Entwicklung unserer Demokratie wäre ein Wahlverfahren, das narzisstisch gestörte Persönlichkeiten[8] auf dem Weg zur Macht nicht noch begünstigt, wie es in unseren westlichen Demokratien der Fall ist. Kein Beruf darf ohne entsprechende Prüfungen, die Sachkompetenz und persönliche Eignung berücksichtigen, ausgeübt werden. Warum sollte das nicht auch für politische Ämter gelten.«

Der Psychologe Maaz folgert: »Hat man den mörderischen Hass einmal kennen gelernt, der in vielen Menschen schlummert, die narzisstische Verletzungen erlitten haben, wird auch das häufig hoch abnorme Handeln als Abwehrverhalten verstehbar … Die narzisstische Störung darf nicht an die Macht!«

Am Beispiel des Ex-Bundespräsidenten Christian Wulff diagnostiziert der Psychiater und Psychoanalytiker Maaz: »Bereits bei seiner Wahl musste er ›emporgehoben‹ werden in ein Amt, dem er nicht wirklich gewachsen war … Man sieht sich den Kandidaten ›schön‹, und dieser glaubt nur allzu gern daran, um tiefere Selbstwertzweifel zu betäuben, während die Zujubler ihren Wünschen und Hoffnungen Ausdruck verleihen, indem sie vor der eigenen und bescheidenen oder gar bitteren Realität flüchten.«[9] Wie würde die Diagnose des Psychiaters für den amtierenden Präsidenten ausfallen?

In Auswertung der »Affäre Wulff« definiert der Staatsrechtler Prof. Dr. Hans Herbert von Arnim die persönlichen Anforderungen an den Bundespräsidenten: »Das Amt des Bundespräsidenten besitzt – seinem rechtlichen Sinn nach – einen ganz besonders honorigen Charakter ... Erst recht wird erwartet, dass er keine Verfehlungen begangen hat und deswegen zurücktreten muss ... In Betracht kommen auch Straftaten oder andere grob unangemessene Verhaltensweisen, die auch vor Beginn des Amtes begangen sein können, erst recht, wenn der Präsident durch ihr nachhaltiges Verheimlichen und unvollständiges Darstellen gegenüber Parlament und Medien den Eindruck eines schlechten Gewissens erweckt. Tritt der Bundespräsident ihretwegen zurück, liegen weder politische noch gesundheitliche Gründe vor, sondern moralische bzw. charakterliche, die natürlich auch in der Person wurzeln, sodass er keinen Ehrensold erhält.«[10]

Sie selbst, Herr Bundespräsident, postulieren: »*Zunächst einmal gehört ein ganz genaues Überprüfen und Hinterfragen von Politikern zu unserer politischen Kultur.*«[11]

Wir haben das weitgehend getan und stellen fest: Sie, Herr Bundespräsident, haben Öffentlichkeit und Parlament durch »nachhaltiges Verheimlichen und unvollständiges Darstellen« in weit höherem Maße getäuscht als Christian Wulff. Dabei geht es nicht um kleine Vorteilsnahmen von Spesen, Urlaub und Bobby-Car.

Wir haben Ihnen ungezählte unangemessene Verhaltensweisen, Unwahrheiten, Halbwahrheiten und Verheimlichen in Ihrer Biografie nachgewiesen. Wir haben dokumentiert, dass Ihre »eidesstattlichen Versicherungen« nicht das Papier wert sind, auf denen sie stehen. Wir haben Ihr Anbiedern an die Organe der Staatsmacht der DDR und die Erlangung persönlicher Vorteile offen gelegt. Wir haben dokumentiert, dass sie gemäß Gerichtsurteil »als Begünstigter der Stasi« bezeichnet werden dürfen. Wir haben enthüllt, wie Sie in entscheidenden politischen Situationen in Rostock »abgetaucht« sind, bis der Sturm vorbei war. Wir haben den Einfluss nationalsozialistisch geprägter Verwandter auf Ihre Entwicklung dargelegt und bemängeln, dass Sie bis heute keine klaren Positionen zur Abgrenzung beziehen. Wir haben nachgewiesen, wie Sie »Nationalsozialismus« und Sozialismus in einen Topf werfen. Wir stellen fest, dass traumatische Erlebnisse in Ihrer Kindheit sie bis heute stark prägen. Wir haben dargelegt, wie Sie Ihr Amt als Vorsitzender der nach Ihnen benannten Behörde dazu missbraucht haben, ungezählte Menschen zu drangsalieren, zu diffamieren und sozial auszugrenzen. Viele haben keinen Ausweg mehr gesehen und nahmen sich das Leben, obwohl diese nichts anderes getan haben als Sie auch: Kontakte zum Ministerium für Staatssicherheit unterhalten. Wir haben mehrere Widersprüche in Ihrem privaten Leben dargelegt. Wir haben nachgewiesen, dass Sie als Präsident der Bundesrepublik Deutschland Ihr Amt missbrauchen, um persönliche Ressentiments gegen die seit fast einem viertel Jahrhundert untergegangene DDR auszuleben. Wir haben heraus gestellt, dass Sie rückwärts denken und politisch unfähig und nicht willens sind, Gedanken zur Lösung der Probleme der Gegenwart und Zukunft einzubringen. Wir haben gezeigt, dass Sie nicht die Interessen der Benachteiligten dieser Gesellschaft wahrnehmen, sondern sich stattdessen bei den Herrschenden anbiedern. Wir haben besonders Ihre Befürwortung von Kriegseinsätzen der Bundeswehr gebrandmarkt. Wir haben Auffassungen Ihrer theologischen Berufskollegen zitiert, die Sie auf Grund Ihrer Vergangenheit und Ihres Verhaltens für ungeeignet als Präsident halten. Wir stimmen mit diesen überein.

Aus unseren Darlegungen ergibt sich in geradezu klassischer Weise, dass Sie den honorigen Anforderungen an das Amt nicht entsprechen. Sie selbst, Herr Gauck, haben die Anforderungen an das Amt des Bundespräsidenten moralisch fixiert. In einer Festrede vor jungen Journalisten predigten Sie die Liebe zur Wahrheit: »*Ich wähle eine Freiheit, die nicht ohne Verantwortung sein mag. Und dazu gehört, dass ich die Wahrheit lieb habe ... Innen drin, in Ihnen muss neben der Liebe zur Freiheit eine Liebe zur Wahrheit existieren.*«[12] Wie steht es um Ihre Liebe zur Wahrheit? Nach Ihren eigenen

Maßstäben gilt: »*Schuld ist nie die Schuld nur für Verbrechen, die von Richtern geahndet wird. Sie tritt auch auf als moralische Schuld, beurteilt vom eigenen Gewissen und demjenigen, an dem ich mich vergangen habe.*«[13] Sie haben sich als »Rächer« an Vielen vergangen. An Lech Walesa kritisieren Sie: »*Als er zum wichtigsten Mann im Staat wurde, konnte er nicht die Kraft und Größe aufbringen, seinen Landsleuten zu bekennen: Es gibt einen dunklen Punkt in meiner Vergangenheit.*«[14] Und Sie? Bei Ihnen gibt es nicht nur einen dunklen Punkt, sondern viele dunkle Strecken.

In einem Interview haben Sie auf die Frage: Können Sie sich eine Situation vorstellen, in der Sie als Bundespräsident zurücktreten, geantwortet: »*Was einem zustoßen kann, weiß man vorher nicht. Aber solange ich beispielsweise nicht schwer erkranke, kann ich mir die Situation nicht vorstellen.*«[15]

Angesichts des hier Aufgezeigten fragen wir jedoch: Was nun, Herr Präsident?

Aus: Klaus Stuttmann »Politische Karikaturen 2012« – Seite 34

Anmerkungen

1 TAGESSPIEGEL, Cordula Eubel vom 8.4.2013

2 Rede von Ex-Bundespräsident Christian Wulff zum 20.Jahrestag der Deutschen Einheit in Bremen 23.10.2010

3 »Gaucks Leere« –Leitkommentar des TAGESSPIEGEL vom 23.2.2013

4 Leserbrief von Christoph S. im TAGESSPIEGEL vom 3.3.2013

5 www.sueddeutsche.de/politik/europa-rede-von-gauck...

6 Joachim Gauck »Die Stasi-Akten – Das unheimliche Erbe der DDR« – Rowohlt-Verlag 1991, S. 41

7 Hans-Joachim Maaz a.a.O. S. 201

8 »Narzissmus« wird so definiert: »Mit dem Begriff Narzissmus ist im weitesten Sinn die Selbstliebe als Liebe gemeint, die man dem Bild von sich entgegenbringt. Im engeren Sinne bezeichnet er eine auffällige Selbstbewunderung oder Selbstverliebtheit und übersteigerte Eitel-keit. Narzisstische Personen sind gekennzeichnet durch einen Mangel an Einfühlungsvermögen und Überempfindlichkeit gegenüber Kritik, was sie mit einem großartigen äußeren Erscheinungsbild zu kompen-sieren versuchen. Häufig hängt das mit einem brüchigen Selbstwertge-fühl zusammen. Die goldene Regel »Was Du nicht willst, dass man Dir tu, das füg auch keinem anderen zu« ist Narzissten fremd. Sie behan-deln Mitmenschen so, wie sie selbst nicht behandelt werden möchten. Sie...haben oft gepflegte und statusbewusste Umgangsformen. Neben Prädispositionierung ist das Elternhaus ein entscheidender Faktor für narzisstische Persönlichkeiten...Narzissten überschätzen ihre eigenen Fähigkeiten und zerstören aus Neid, was begabtere Menschen aufgebaut haben. Wenn Narzissten eine leitende Funktion ausüben, leiden die Be-troffenen sehr.« – Wikipedia

9 Hans-Joachim Maaz a.a.O. S. 12, 194, 195, 196, 200

10 Neue Zeitschrift für Verwaltungsrecht EXTRA 4/2012 S. 1–4

11 BILD vom 17.3.2013

12 Festrede von J.Gauck zur Verleihung des 19. Axel-Springer-Preises für junge Journalisten am 5.5.2010 in DIE WELT vom 15.5.2010

13 Gauck »Winter im Sommer« a.a.O., S. 316

14 Ebenda, S. 318/319

15 www.rp-online.de/politik/deutschland/bundespraesident/ich-bin-ein-linker-liberaler-Konservativer

Anlage 1: Schreiben an den Bundestagspräsidenten

An den
Präsidenten des Deutschen Bundestages
Herrn Prof. Dr. Norbert Lammert
Platz der Republik 1
Berlin

Zeuthen/Berlin, 21. März 2012

Sehr geehrter Herr Professor Lammert,

nach der Wahl von Dr. Joachim Gauck zum Bundespräsidenten obliegt es Ihnen gemäß Artikel 56 des Grundgesetzes, dem Gewählten am 23. März 2012 vor der Bundesversammlung den Amtseid abzunehmen.

Wir haben uns am 8. März mit gleich lautenden Schreiben an die Vorsitzenden der im Deutschen Bundestag vertretenen Parteien gewandt und unsere Bedenken gegen den damaligen Kandidaten Gauck vorgetragen. Mit Blick auf die nunmehr anstehende Vereidigung wiegt aus unserer Sicht schwer, dass Joachim Gauch in einer anwaltlich beglaubigten Eidesstattlichen Versicherung vom 3. Mai 2000 entgegen der Wahrheit versicherte, er »habe zu keinem Zeitpunkt bewusst und gewollt mit dem Staatssicherheitsdienst zusammengearbeitet«. Die von Herrn Gauck eigenhändig unterzeichnete Versicherung veröffentlichte die Wochenzeitung DER FREITAG am 19. Mai 2000 in Form eines Faksimiles. Die Versicherung erfolgte wahrheitswidrig, wie sich aus Zeugenaussagen und uns vorliegenden Dokumenten ergibt. Faktisch leistete er einen Meineid, um persönliche Vorwürfe zu entkräften. Sie sollen ihn nunmehr als Staatsoberhaupt auf das Grundgesetz vereidigen.

Den Parteivorsitzenden waren unsere Hinweise nicht Anlass, nochmals eingehend zu prüfen, ob Joachim Gauck wirklich persönlich geeignet ist, das höchste Amt der Bundesrepublik zu bekleiden.

Wir sind uns auch keinesfalls sicher, dass Sie vor Beginn der Wahl unterrichtet wurden.

Da wir es als unsere staatsbürgerliche Pflicht ansehen, eine erneute Schädigung des Ansehens des Präsidentenamtes und des deutschen Staates im In- und Ausland durch den nunmehrigen Amtsinhaber zu verhindern, informieren wir Sie und fügen zur Erläuterung den Text des Briefes an die Parteivorsitzenden und den Auszug aus der Tageszeitung DER FREITAG bei.

Mit freundlichen Grüßen

Dr. Klaus Blessing   Manfred Hegner i.R.

Anlage 2: Der »Terpe-Bericht« – Bericht des Hauptmanns Terpe des MfS über das Gespräch mit Gauck vom 11.8.1988

Kreisdienststelle Rostock   **Rostock, 11. August 1988**
Referat III
Ausprachebericht

Am 28.07.1988 wurde mit Joachim GAUCK, Pastor der evangl.-luth. Landeskirche vom 10.30 Uhr bis 12.00 Uhr eine Aussprache durch Gen. Hptm. Terpe durchgeführt. Diese Aussprache war am Abend vorher telefonisch mit GAUCK vereinbart worden. GAUCK empfing den Mitarbeiter an seiner Wohnungstür und geleitete ihn in sein Arbeitszimmer und bat ihn Platz zu nehmen. Im ersten Teil des Gespräches wurde durch den Mitarbeiter Bezug genommen auf seine am Vortrage, während der Terminvereinbarung am Telefon, gezeigte ablehnende Haltung zur Wahrnehmung eines Gespräches mit einem Mitarbeiter des MfS. GAUCK begründete dies so, dass er persönlich eigene Erfahrungen gemacht hat mit Mitarbeitern des MfS, dass er die Methoden des MfS ablehnt, da eine Vielzahl von Personen aus seiner Gemeinde in den vergangenen Jahren ihm gegenüber offenbart haben, dass sie durch das MfS kontaktiert worden waren. Er persönlich findet es sehr nachteilig für den Ruf des MfS, das Menschen durch die Kontaktierung durch das MfS seelisch belastet sind, gezwungen werden sollen zu anderen Personen Aussagen zu treffen, Spitzeldienste und Zuträgerdienste zu leisten und letzten Endes in Zwiespalt gegenüber ihrer persönlichen Auffassung geraten.

Ihn selbst belastet dieser Zustand erheblich und er nutzt jede Gelegenheit, um diese Haltung auch öffentlich kund zu tun; dies brachte er auch in der Form dem Mitarbeiter gegenüber zum Ausdruck. Durch den Mitarbeiter wurde G. erklärt, dass das MfS ein durch die Partei erteilten Auftrag hat und diesen Auftrag auch konsequent durchführen wird, um einen grundlegenden Beitrag zur weiteren Entwicklung des Sozialismus zu leisten. Dies wurde durch GAUCK so zur Kenntnis genommen.

GAUCK entgegnete darauf weiterhin, dass er glaubt, dass das MfS ein Staat im Staate sei und durch niemanden kontrolliert werde. Ihm wurde daraufhin entgegnet, dass das MfS, wie schon gesagt, ein Organ der Partei ist und auch der Kontrolle der Partei unterliegt und keine eigenständige Politik im Staate zu machen habe. GAUCK wollte vom Mitarbeiter wissen, ob er Vorgesetzter oder Unterstellter eines Herrn Herzog war oder ist, der vor ca. 2 Jahren mit noch einem Genossen bei ihm zu Hause eine Aussprache durchgeführt hat.

G. wurde entgegnet, dass der Mitarbeiter nicht Unterstellter des Herrn Herzog ist. GAUCK brachte daraufhin zum Ausdruck, dass er sehr viel Wert darauf lege, jetzt schon von vornerein zu erklären, dass er nicht gewillt ist, mit nicht kompetenten Mitarbeitern des MfS überhaupt Gespräche zu führen und der sich von vornerein verbeten würde, mit einem kleinen Leutnant des MfS zu sprechen. Er führte weiterhin aus, dass seiner Meinung nach, dass MfS viel zu groß sei, er vertritt nach wie vor die Auffassung, dass dort mindestens 60 % der Mitarbeiter entlassen werden müssten, da in der Volkswirtschaft Arbeitskräfte gebraucht werden und so ein aufgeblähter Apparat zu uneffektiv sei und letzten Endes darauf schließen lassen, dass das MfS durch diesen aufgeblähten Apparat uneffektiv arbeiten würde.

Er habe die Erfahrung gemacht, dass bedingt durch seiner Meinung nach, das übertriebene Feinde suchen bei Mitarbeitern des MfS neurotische Züge im Laufe der Jahre bei vielen Mitarbeitern erkennbar seien. Dies äußert sich vor allem auch darin, dass man in allen Handlungen von Bürgern, die sich politisch selbstständig betätigen wollen, Feindtätigkeit vermute und dass es dazu gekommen sei, und da trage das MfS auch eine entscheidende Schuld daran, dass der Bürger sich politisch unselbstständig entwickelt habe und seine Zivilcourage unterentwickelt ist. In diesem Zusammenhang nannte er in Vorbereitung des Kirchentages besonders Maßnahmen des MfS innerhalb des Personenkreises des Themenbereiches 2, die er als unangemessen und überspitzt einschätzte. Er bezog sich hierbei auf eine Reihe von Gesprächen mit Mitgliedern dieser Themengruppe, um sie zu Zuträger- und Spitzeldiensten zu veranlassen und schätzte auch die plötzliche Übersiedlung der Personen WILDE, Cornelia und HARTMANN, Torsten als eine Maßnahme ein, um die Wirksamkeit des Themenbereiches 2 einzuschätzen/einzuschränken. In diesem Zusammenhang war bei G. zu bemerken, dass er trotz der o. angeführten Aktivitäten des MfS innerhalb des Themenbereiches 2 doch eingestand, dass die Arbeit innerhalb des Themenbereiches 2 mehr oder weniger doch zwar kontrolliert wurde aber doch laufen gelassen wurde und letzten Endes auch im großen und ganzen störungsfrei realisiert wurde.

GAUCK führte nur noch an, dass es für ihn unverständlich ist, dass so ein Mann wie Heiko LIETZ ständigen Repressalien und Gängeleien ausgesetzt ist. Er schätzt den LIETZ als ein streitbaren, zwar sehr kompliziert und Charakter ein, der jedoch letzten Endes nur positive Veränderungen innerhalb unserer Gesellschaft will.

Insgesamt war GAUCK der Meinung, dass der Kirchentag in Rostock eine gelungene Sache war und schätzt das Ergebnis auch als sehr wichtig ein, weil es inhaltliche Neuerungen gebracht hat, die sich deutlich positiv abheben zu den Kirchentagen in Görlitz, Erfurt und Halle. Als besonders hoch schätzte er den begonnenen und doch auf einem hohen Niveau geführten Dialog mit Wissenschaftlern des Bereiches Marxismus/Leninismus der Universität Rostock und der Universität Greifswald ein. Er schätzte diese Maßnahme als einen echten Beitrag für den Beginn des Dialoges mit Marxisten, zwischen Marxisten und Christen ein, und sieht hier sehr gute Bedingungen für die Weiterführung des Gespräches auf einer gemeinsamen Grundlage.

In diesem Zusammenhang bedauerte es er, dass es trotz der positiven Ansätze im Dialog zwischen Christen und Marxisten nicht gelungen ist, einen kompetenten staatlichen Vertreter in die öffentliche Diskussion einzubeziehen. Er bezog sich hier als Beispiel auf das Auftreten von Prof. Reinhold 1987 auf dem Kirchentag in Frankfurt/Main in der BRD und hatte die Absicht einen ähnlichen kompetenten Vertreter aus dem Zentralkomitee oder aus dem Staatssekretariat für Kirchenfragen zum Kirchentag in Rostock einzuladen und auch entsprechend auftreten zu lassen, um so auch die Dialogbereitschaft zwischen Christen, Marxisten staatlichen Vertretern zu realisieren.

Weiterhin sprach sich GAUCK enttäuscht darüber aus, dass der Bundestagsabgeordnete Dr. KNAABE die Genehmigung für die Einreise in die DDR zum Kirchentag in Rostock nicht erhalten hat. Er schätzt Dr. KNAABE als ein Spezialisten auf dem Gebiet der Ökologie und des Umweltschutzes ein, insbesondere auf dem Spezialproblem Waldsterben und Walderhaltung. Er hat mit Dr. KNAABE im Vorfeld schon des Kirchentages schon Gespräche gehabt und war an für sich der festen Überzeugung, das Dr. KNAABE die Genehmigung für die

Einreise erhalten würde. Er fragte den Mitarbeiter konkret, ob er ihm Gründe nennt, die die Einreise des Dr. KNAABE verhindert haben.

Der Mitarbeiter entgegnete GAUCK, dass ihm diese Gründe nicht bekannt sind, er aber vermute, dass es sich hierbei um eine politische zentrale Entscheidung handle. Im weiteren Gespräch kam GAUCK auf die Umgestaltungsprozesse in der Sowjetunion zu sprechen. Er äußerte hier die Erwartung, dass auch in der DDR kurzfristig solche Veränderungen in Gang gesetzt werden, die vor allen Dingen den Charakter der politischen Machtausübung verbessern, die die Pressefreiheit beinhalten, die vor allen Dingen die öffentliche Diskussion stärker befördert, die eine objektive Berichterstattung in den Massenmedien beinhalten und die vor allem gewisse bürokratische Züge im Leitungs- und Verwaltungsapparat des Staates, wie auch im öffentlichen Leben, die für den Bürger sehr bedrückend sein können, beseitigen.

GAUCK schätzte ein, dass wenn diese Veränderungen in der DDR nicht kurzfristig realisiert werden, die DDR sich im sozialistischen Lager isolieren wird und die positiven Zielsetzungen, die die sozialistische Gesellschaft in der DDR hat dadurch nicht erfüllt wird und letzten Endes die Erwartungshaltung der DDR-Bürger hinsichtlich der Erfüllung der Ziele der Wirtschafts- und Sozialpolitik in Gefahr geraten. Er erachtete es aus dem Grunde, als dringend notwendig, dass diese Veränderungen in der DR erfolgen, da seiner Meinung nach die Gleichgültigkeit der DDR-Bürger gegenüber dem Volkseigentum, gegenüber gesellschaftlichen Grundwerten, wie auch der Charakter der zwischenmenschlichen Beziehungen sich verschlechtert haben und der mit Wissen der Erlebnisse aus einen bisherigen Reisen in die BRD die Erfahrung gemacht hat, dass ein Großteil der DDR-Bürger ein Devisenorientiertes Konsumdenken besitzt, dass schon seine ideologischen Spuren bei den Menschen bei uns hinterlassen hat. Er nannte auch die steigende Anzahl von Menschen, die aus der DDR weg wollten und die bereits einen Übersiedlungsersuchen gestellt haben bzw. sich im Vorfeld eines Übersiedlungsersuchens befinden, als erschreckend und bedrohlich und bezeichnete das besonders tragisch, dass junge Angehörige doch in der DDR politisch und fachlich ausgebildet und erzogen worden sind letzten Endes sich dafür entscheiden ein Leben außerhalb der DDR zu führen und somit seiner Meinung nach nur eine Unterentwicklung im Punkt Heimatgefühl besitzen.

Der Bewältigung der innenpolitischen Probleme innerhalb der DDR. Der nur durch sofortige Reformprozess vergleichbar in etwa mit den in der Sowjetunion vor allen Dingen hinsichtlich des politischen Überbaus Einhalt geboten werden kann, um so eine echte innere Bindung der Menschen an die DDR langfristig zu erzeugen.

Weiterhin führte er aus, dass es ihn bedenklich stimme, dass eine steigende Anzahl von jüngeren wie auch etwas älteren Menschen nur in die SED gehen, um Karriere zu machen, ohne eine politische Bindung an die Ziele und Aufgaben der Sozialistischen Einheitspartei Deutschlands zu haben und letzten Endes durch die Mitgliedschaft in der SED ein größerer politischer Schaden zugefügt wird als wie die Wahrnehmung der damit verbundenen Funktionen erkennen lässt.

Er nannte hier als Beispiel vor allen Dingen den Drang von einer ganzen Reihe von Bürgern nur deswegen in die SED zu gehen, um eine bestimmte Funktion zu bekommen, Leiter zu werden und letzten Endes dann wenn sie die Leitungsfunktion haben sie auch nicht mit der entsprechenden Verantwortung wahrnehmen.

Als Grundübel bei der Problematik der Übersiedlungsersuchen nannte er die unzureichende Ursachenforschung und Beseitigung durch die Gesellschaft. Er betrachtete als Skandalös, dass vor allem auch in der Presse zu diesem Problem in keiner Weise Stellung genommen wird, obwohl dieses Problem DDR-weit existiert und deren Stellenwert in den letzten Jahren ständig gewachsen ist und auch durch die verstärkten Übersiedlungen 1984 und 1985 sei kein Absinken der Tendenz der Übersiedlungsersuchenden entstanden, sondern die Anzahl der Übersiedlungsersuchenden hat ständig zugenommen und das ist für ihn ein Zeichen dafür, dass es noch ein großes Reservat von Menschen gibt, die keine Bindung mehr an die DDR haben, die nur aus egoistischen bzw. Existenzgründen in der DDR bleiben, die aber politisch und auch weltanschaulichen mit der DDR bzw. mit Teilbereichen der sozialistischen Gesellschaft gebrochen haben.

GAUCK äußerte, dass er selbst in seiner Gemeinde dahingehend wirksam werden will, dass er die ihm dort bekannten Übersiedlungsersuchenden durch Gespräche, mehrmalige Gespräche beeinflussen will, damit sie in der DDR bleiben.

Hierzu wurde GAUCK vom Mitarbeiter gesagt, dass diese Aktivitäten von ihm einen echten positiven Beitrag innerhalb der Arbeit mit Übersiedlungsersuchenden darstellen und wenn dann damit erreicht wird, dass ein Teil dieser Übersiedlungsersuchenden ihren Antrag zurückziehen, so sei damit viel erreicht. Weiterhin wurde in diesem Zusammenhang GAUCK gedankt für seine Initiativen für seine langfristige gute Zusammenarbeit mit den entsprechenden staatlichen Stellen in Vorbereitung und Durchführung des Kirchentages, ihm wurde auch gedankt für seinen hohen persönlichen Einsatz und dieser Dank wurde vom Mitarbeiter nicht nur aus persönlichen Gründen vorgebracht, sondern ihm wurde auch deutlich zu verstehen gegeben, dass dieser Dank seitens des MfS an GAUCK ergeht.

GAUCK erklärte zu dem Ergebnis des Kirchentages, dass er einschätzt, dass der Kirchentag insgesamt störungsfrei verlaufen ist, dass es eine ganze Reihe von wichtigen Erkenntnissen gegeben hat, die vor allen Dingen geeignet sind, eine weitere qualifizierte ideologische Positionsbestimmung der Kirche zu erlauben, die letzten Endes auch dazu geeignet sind, die Möglichkeiten und auch die Grenzen der weiteren kirchlichen Arbeit zu definieren und die auch eine Vielzahl von Betätigungsfeldern für den weiteren Dialog zwischen Staat und Kirche darstellen. Er nannte hier insbesondere Fragen der

Ökologie, wobei er selbst die Ökologie als eine ernst zu nehmende Wissenschaft bezeichnete und bedauerte, dass das ökologische Denken bei den Bürgern noch zu unterentwickelt ist und es höchste Zeit wird, auch durch einen eigenen Beitrag die Probleme, die sich durch Vernachlässigung der Forderungen aus der Ökologie ergeben, schnellstens zu lösen.

Durch den Mitarbeiter wurde GAUCK gesagt, dass es hier auch Möglichkeiten gibt für Personen innerhalb der Kirche, wie nach außerhalb der Kirche einen konkreten Beitrag zur Ökologie zu leisten, ihm wurde z.B. gesagt, dass der Stadtrat für Umweltschutz und Wasserwirtschaft, Peter Struck, ständig eine Vielzahl von Arbeitskräften auf freiwilliger Basis sucht, die beispielsweise Dünenbepflanzungen durchführen und die auch in kleinerem Rahmen Forstarbeiten durchführen.

GAUCK entgegnete hierauf, dass es für ihn ein leichtes sei, bei Bedarf, in Koordinierung mit dem Rat der Stadt solch einen Einsatz in Zusammenarbeit mit dem Rat der Stadt zu organisieren, und hier die benötigten Arbeitskräfte bereitzustellen.

Als einen negativen Fakt vor und während des Kirchentages nannte GAUCK die seiner Meinung nach administrative Art und Weise des Eingreifens staatlicher Organe in das termingerechte Erscheinen einiger Kirchenzeitungen. Hierbei bezog er sich nicht nur auf die Mecklenburgische Kirchenzeitung, sondern nannte auch Kirchenzeitungen anderer Landeskirchen wie Thüringen, Sachsen und Görlitz. Er bezeichnete diese Maßnahme des Presseamtes innerhalb des Staatssekretariats für Kirchenfragen als Willkürakt, als nicht zeitgemäß und erklärte, dass durch solche eine Maßnahme ein politischer Schaden angerichtet wird, nicht nur bei Christen, der im Prinzip gar nicht wieder gut zu machen ist und er sagte, dass diejenigen, die dafür verantwortlich sind, sich in den Augen der betreffenden Bürger nur lächerlich gemacht haben.

Durch GAUCK wurde abschließend eingeschätzt, dass ihm der Besuch eines Mitarbeiters des MfS im Ergebnis dieses Gespräches angenehm überrascht habe, dass der Inhalt dieses Gespräches ihn dazu veranlassen wird, seine Haltung zum MfS zu überdenken, obwohl er durch die/den verbalen Dialog mit dem Mitarbeiter des MfS noch nicht in seiner Auffassung zum MfS endgültig überholt hat. Er glaubt aber auch, dass das MfS einen echten positiven Beitrag zur Entwicklung der sozialistischen Gesellschaft einbringen wird. In diesem Zusammenhang nannte er auch die große Verantwortung des MfS gegenüber dem Volk und bezog sich dabei auf die Stalinära, wo es zu erheblichen Übergriffen der damaligen Sicherheitsorgane gegenüber dem Volk gekommen ist und er warnte davor, solche Übergriffe wieder bei uns an die Tagesordnung kommen zu lassen, da irgendwann jeder durch das Volk zur Verantwortung gezogen wird und vor dem Volk Rechenschaft ablegen muss, wie er die ihm übertragene Verantwortung im Interesse des Volkes wahrgenommen hat.

Diese Ausführungen von GAUCK wurden nicht in ablehnender Haltung ausgeführt, sondern dienten nur zur Erläuterung seiner im Ergebnis des Gespräches entstandenen Eindrucks über die Arbeit des MfS, als auch über die Person des Mitarbeiters, der mit ihm das Gespräch geführt hat.

GAUCK führte wiederholt aus, dass ihm das Gespräch viel gegeben hat, dass es aber für ihn und auch für das MfS wie auch für alle anderen, die im Staate Verantwortung tragen, darauf ankommt, zur generellen Bewältigung der Probleme, die in der gesellschaftlichen Entwicklung für ihn erkennbar sind, dringend notwendig ist, die Attraktivität des Sozialismus entscheidend zu steigern, dass wie schon eingangs gesagt, die Bürger ein achtes Heimatgefühl entwickelten, dass sie in den Massenmedien wahrheitsgemäße Informationen erhalten, dass die Presse ein Spiegelbild ihrer sozialen Problematik darstellt und dass jegliche Schönfärberei der Vergangenheit angehört.

GAUCK wurde durch den Mitarbeiter erklärt, dass die beantragte Einreise seiner in die BRD übergesiedelten Kinder durch die zuständigen staatlichen Organe zugestimmt wird und dass der Einreise seiner Kinder nichts mehr im Wege steht.

GAUCK zeigte sich bei dieser Äußerung des Mitarbeiters sehr erregt und erklärte, dass er seit Jahren an der Übersiedlung seiner Kinder merklich zu leiden habe, dass ihn das stark belaste und letzten Endes auch er versagt hat und nicht alles dafür getan hat, dass seine Kinder in der DDR blieben. Auf der anderen Seite machte er auch andere Personen, wobei er die Namen nicht nannte, für die Übersiedlung seiner Kinder verantwortlich.

Durch den Mitarbeiter wurde GAUCK gebeten, ob bei ihm die Bereitschaft vorliegt, bei Notwendigkeit ein weiteres Gespräch zu vereinbaren.

GAUCK antwortete hierauf, dass er nichts dagegen habe, wenn der Mitarbeiter bei einem konkreten Anlass zu ihm den Kontakt aufnehme, dass er aber zu einem ständigen regelmäßigen Kontakt nicht bereit ist, da es seine Grundauffassung widerspreche und es zu viele Dinge gibt, die zwischen uns stehen.

GAUCK informierte weiter, dass er im Ergebnis dieses Gespräches eine Information an den Landesbischof geben wird und fragte den Mitarbeiter, ob er dagegen Einwände habe. Durch den Mitarbeiter wurde GAUCK gesagt, dass es seitens seiner Person keine Einwände gibt.

Danach wurde das Gespräch durch gegenseitige Verabschiedung beendet. GAUCK brachte den Mitarbeiter bis zum Hausausgang und verabschiedete sich von ihm nochmal.

In diesem Zusammenhang fragte GAUCK den Mitarbeiter, ob er seinerseits etwas dagegen hätte, wenn er ihn, wenn er ein Problem hätte, wenn er ihn anrufen könnte und mit ihm ein Gespräch vereinbaren kann/könnte. Der Mitarbeite sagte GAUCK, dass die Telefonnummer ja im Telefonbuch steht und da der Mitarbeiter sich namentlich gegenüber GAUCK vorgestellt hat, er nur diesen Namen zu nennen brauchte, und er dann mit ihm verbunden wird. Daraufhin verließ der Mitarbeiter die Wohnung.

Operative Wertung

Der gesamte Gesprächsverlauf zeigte, dass GAUCK keine Zurückhaltung gegenüber dem Mitarbeiter erkennen ließ. Es war ein offenes Gespräch, das einen sehr sachlichen Charakter trug, das Gespräch war von gegenseitiger Akzeptanz charakterisiert.

Beide Gesprächspartner, die vom anderen angesprochenen Probleme zu beantworten, besonders bei GAUCK war gerade in Formulierung der Probleme keine Zurückhaltung erkennbar, obwohl er eine sehr kritische und überspitzte Einstellung zum MfS hat, ist einzuschätzen, dass GAUCK letzten Endes auch gewillt ist, einen positiven Beitrag für die Lösung der von ihm angesprochenen und erkennbaren Probleme zu leisten. Er sieht auch ein, dass die Kirche alleine die angesprochenen Probleme nicht bewältigen kann. Er verlangt aber, dass der Staat als Machtträger die Probleme, die real existieren, ob er sie wahr haben will oder nicht, auch anspricht, öffentlich diskutiert und auch löst.

Im Ergebnis des heutigen Gespräches ist einzuschätzen, dass die bisherigen Wertungen zur Person GAUCK einer Präzisierung bedürfen.

Es wird vorgeschlagen, den OV »Larve« zu archivieren und einen IM-Vorlauf anzulegen. Weiterhin erscheint es sinnvoll, den Kontakt zu GAUCK langfristig aufrechtzuerhalten und zu mindestens 1988 ein weiteres Kontaktgespräch mit GAUCK durchzuführen. Hierbei ist zu beachten, dass GAUCK höchstwahrscheinlich auch die Person des jetzigen Mitarbeiters am ehesten positiv reagiert und es erscheint unzweckmäßig, einen weiteren Mitarbeiter in die Kontaktgestaltung zu GAUCK einzubeziehen.

Gez. Terpe
Hauptmann

Anlage 3: Erklärung des Willy-Brandt-Kreises zum künftigen Umgang mit den Stasiakten

Mit Interesse verfolgt der Willy-Brandt-Kreis die veränderte Zuständigkeit für die Stasi-Unterlagenbehörde. Denn wir waren immer dafür, mit der einmaligen Chance, den umfangreichen Aktenbestand eines repressiven Geheimdienstes öffentlich zu machen, sensibel umzugehen. Pressehinweise, wonach künftig Hauptaufgabe der Behörde die Aufarbeitung der DDR-Geschichte sein wird, erfüllen uns allerdings mit Sorge, da die Behörde mit ihrer bisherigen Arbeit bewiesen hat, dass sie für diese Aufgabe ungeeignet ist.

Die Behörde war von Anfang an nicht als neutrale wissenschaftliche Einrichtung angelegt, sondern hatte eine politische Zweckbestimmung. Wie der damals zuständige Ministerialdirigent im Bundesinnenministerium erklärte, hatte der Sonderbeauftragte den Sonderauftrag, die DDR zu delegitimieren. Gleichzeitig waren alle geheimdienstlichen Erkenntnisse über die Bundesrepublik streng geheim, sie stehen der kritischen Aufarbeitung nicht zur Verfügung. Damit begann eine auf ostdeutsche Repressionsgeschichte eingeengte, selektive Geschichtsschreibung, die nicht nur Alltagsgeschichte ausblendete, sondern auch Forschungsvorhaben, die nicht die gewünschte Delegitimierung erbrachten, unter den Tisch fallen ließen. (So wird beispielsweise bis heute die Zahl der tatsächlich bespitzelten DDR-Bürger, die Opfer einer »operativen Personenkontrolle« wurden, geheim gehalten, weil mit ihr vermutlich das Bild von den flächendeckend kontrollierten Bürgern nicht aufrecht zu halten wäre.)

Emanzipatorische Elemente, wie die Brechung des Bildungsprivilegs in der DDR oder das Selbstbewusstsein von Produktionsarbeitern, wurden genauso ausgeblendet wie Aspekte der bundesdeutschen Repressionsgeschichte. Mit ihrer Reproduktion von staatlich beaufsichtigter Geschichtswissenschaft hat die Behörde von Anfang an auch zu Fehlurteilen und Legendenbildungen beigetragen.

Wenn heute in Westdeutschland und im Ausland das Bild der DDR als das eines reinen Unrechtsstaates vorherrscht, in dem alle Bürger entweder bei der Stasi gearbeitet haben oder von ihr beobachtet wurden, bei jeder missliebigen politischen Äußerung im Gefängnis landeten und nur unter Lebensgefahr das Land verlassen konnten, so hat die Behörde ihren Auftrag erfüllt. Wer weiß schon, dass in den Jahren der Mauer nach Angaben des Bundesinnenministeriums – größtenteils unter schikanösen Bedingungen – 429.815 Ausreiseanträge genehmigt wurden, die 33.775 herausgekauften Häftlinge nicht mitgerechnet.

Immer wieder hat die Behörde »Personen der Zeitgeschichte« demontiert, die sich dem herrschenden Zeitgeist nicht gebeugt haben, während einstige IM, die sich jetzt opportun äußern, in Ruhe gelassen wurden. Dieser von der Behörde ausgeübte politische Anpassungsdruck lag nicht im Interesse von Demokratie. Laut Auskunft von Joachim Gauck haben 98 Prozent der DDR-Bürger nie für die Staatssicherheit gearbeitet. Dennoch haben nur 2,6 Prozent derselben Bevölkerung volles Vertrauen zu der Behörde, die absolute Mehrheit hat überhaupt kein, sehr wenig oder etwas Vertrauen, wie das Sozialwissenschaftliche Forschungszentrum Berlin-Brandenburg ermittelt hat.

Die Behauptung der Behörde, »der Geheimdienst hatte jeden Aspekt des Lebens durchdrungen«, geht an der Erinnerung der meisten Menschen vorbei, erzeugt Überdruss, Abwehr und Trotz. So förderte die Behörde durch ihre ideologische Übertreibung gerade das, was sie vermeiden sollte, nämlich DDR-Nostalgie.

Akten eines Geheimdienstes sind jeweils interpretationsbedürftig und können nur eine Quelle unter anderen sein, zumal nach eigenem Bekunden der Stasi wichtige Unterlagen vernichtet worden sind. Sie enthalten niemals alle Daten über eine Gesellschaft. Nur wenn sie ergänzt werden durch Erkenntnisse aus den Archiven des Partei- und Staatsapparates, der Kirchen, Akademien, Verbände und Medien, der Eingaben und Leserbriefe, durch Befragungen von Augenzeugen und Forschungen über die Alltagsgeschichte, kann ein annähernd realistisches Bild entstehen.

Wir brauchen eine differenzierte Aufarbeitung von Geschichte, die auch die westdeutsche Parallelgeschichte nicht ausblenden darf, weil sich nur in der Gesamtsicht Aktionen und Reaktionen erklären lassen. Wir befürworten die zukünftige Überführung des Aktenbestandes unter die Obhut des Bundesarchivs, das eine hohe Gewähr für einen sachgemäßen Umgang mit diesen Unterlagen bietet. Es ist selbstverständlich, dass ein geregelter Zugang für Betroffene und Historiker weiterhin möglich sein muss.

Berlin, den 17. Februar 2005

Für den Willy-Brandt-Kreis:
Egon Bahr, Peter Bender, Peter Brandt, Daniela Dahn, Friedrich Dieckmann, Hans J. Gießmann, Günter Grass, Ingomar Hauchler, Christine Hohmann-Dennhardt, Hans Misselwitz, Irina Mohr, Oskar Negt, Claus Noé, Edelbert Richter, Michael Schaaf, Axel Schmidt-Gödelitz, Friedrich Schorlemmer, Manfred Uschner.

Anlage 4: Die elementaren Menschenrechte
Von Horst Schneider, Prof. em. Dr. sc. Phil., Dresden. 3. März 2012

»DIE ELEMENTAREN MENSCHENRECHTE FANGEN
BEIM RECHT AUF LEBEN AN« (WILLY BRANDT)

Anmerkungen zu Gaucks Artikel »Freiheit heißt Verantwortung« in der Sächsischen Zeitung vom 29.2.2012

Joachim Gauck liebt es, Behauptungen in die Wir-Form zu kleiden. Im vorliegenden Artikel tut er das 34mal: Wir wissen, wir dienen (nicht), wir dürfen und müssen, wir glauben, wir nutzen usw. Gauck lässt offen, wen er mit dem wir meint. Manchmal scheint es der pluralis majestatis zu sein, wenn er glaubt, eine erhabene Weisheit dem gemeinen Volk mitteilen zu müssen.

Gaucks Buch, aus dem die sz zitierte, heißt »Freiheit«. Der Titel über dem Artikel lautet »Freiheit heißt Verantwortung«. Das sind abstrakte Begriffe, die zu unterschiedlichen Zeiten von unterschiedlichen Politikern höchst verschieden interpretiert und missbraucht wurden. Häufig werden sie zur billigen Phrase. Der Begriff Freiheit zwingt zur Frage: Welche Freiheit für wen? Eine abstrakte Freiheit gibt es nur als täuschende Phrase.

Pfarrer Gauck wird doch wohl wissen, dass auch die Faschisten für die Freiheit gegen die »jüdisch-bolschewistische Weltgefahr« kämpften. Sein Vater war doch dabei.

Und er wird die Satire von Anatole France kennen, (die höchst aktuell ist): Ein Obdachloser hat die Freiheit, unter der Brücke oder im Schloss zu schlafen. Warum wählt er die Brücke? Und die Verantwortung? Tragen wir tatsächlich Verantwortung dafür, wie die Kanzlerin verkündet, dass wir an jedem NATO-Krieg teilnehmen müssen?

Der Artikel endet: »Ich wünsche mir, dass sich unsere Gesellschaft tolerant, wertbewusst und vor allen Dingen in Liebe zur Freiheit entwickelt und nicht vergisst, dass die Freiheit der Erwachsenen Verantwortung heißt.«

»Unsere Gesellschaft« ist die Herrschaft des Kapitals, der Kapitalismus. Welche »Werte« ergeben sich zwangsläufig, wenn nicht Konkurrenz, Rücksichtslosigkeit, Ellenbogenpolitik? Der zwölfjährige Jesus hat die Geldwechsler aus dem Tempel vertrieben. Die Tempel von heute sind die Bankzentren. Gauck kennt keine bessere Variante als die der »Eigenverantwortung«. Und die ist beim Kapital zu Hause.

Wenn Gauck über geschichtliche Fakten spricht, nimmt er sich die Freiheit, Ereignisse zu erfinden oder zu verfälschen. Ich wähle willkürlich einige Beispiele: »Auch wir Ostdeutschen haben, selbst wenn wir uns gerne eine eigene Verfassung gegeben hätten, im Prinzip auf die Werte und Inhalte des Grundgesetzes geschworen.«

Mit Verlaub: Die DDR-Bürger hatten seit 1968 eine Verfassung, die von ihnen mit Mehrheit legitimiert worden war. In ihr sind die Forderungen, die sich aus den UNO-Menschenrechtskonventionen von 1966 ergeben, enthalten (obwohl die DDR noch nicht Mitglied war.) Sie wurden auch nach dem Maß ihrer Kräfte durch die DDR verwirklicht. Die BRD klebt noch heute am (provisorischen) Grundgesetz von 1949. Gauck spricht wieder in der »wir« Form. Wie lauten denn die »Werte und Inhalte des Grundgesetzes«, auf die wir so erpicht gewesen sein sollen? Obenan müssten das Recht auf Frieden und auf Arbeit stehen, die in der DDR garantiert waren. Willy Brandt wusste das. Mit der Phrase »Eigenverantwortung« sind sie nicht zu haben.

Gauck trompetet: »Die als universell, unveräußerlich und unteilbar angesehenen Menschenrechte sind ein gemeinsames Gut der Menschheit. Und wir dürfen und müssen gegenüber kommunistischen, fanatisch-islamistischen oder despotischen Staaten über ihre Verletzung sprechen, denn als Menschen sind wir verpflichtet, die Menschenrechte unserer Mitmenschen zu respektieren und zu verteidigen. Und als Deutsche, die diese Werte erst missachtet und dann in einem Teil des Landes verloren haben, sind wir Zeugen, wie aus Trauer über Schuld und Verlust Freude über das Gelingen entstehen kann.«

Vielleicht liest Pastor Gauck doch erst einmal Willy Brandts Essay aus dem Jahre 1987 »Menschenrechte misshandelt und missbraucht«. Dort erführe er, dass Menschenrechte kein Exportartikel sind. Sie können auch nicht erbombt werden, wie die NATO-Kriege seit 1990 unter Beteiligung Deutschlands beweisen.

Im Unterschied zu dem Weltbeglücker und großen Staatsmann Dr. h. c. Joachim Gauck meinte Willy Brandt 1987: »Leute, die ihre Absichten verschleiern möchten, indem sie Menschenrechte vorschieben, wo Besitz- und Machtinteressen gemeint sind, handeln nicht nur zynisch und heuchlerisch, sie gefährden auch die politische Lösung sozialer Probleme. Heuchelei ist gewiss kein geeignetes Mittel, um die Interessen der westlichen Demokratie zutreffend zu definieren.« In Sachen Menschenrechte können Staaten gegeneinander nicht Ankläger und Richter sein. Die souveränen Staaten haben sie schrittweise durchzusetzen. Vielleicht ist der Hass auf die »Russen« Gaucks wegen des 1951 »verschleppten« Vaters so groß, dass er Mahnungen aus Moskau gar nicht mehr zur Kenntnis nimmt. Aber Hass ist in der Politik ein schlechter Ratgeber und kaum mit christlicher Gesinnung vereinbar. Ich erlaube mir den vermutlich nächsten russischen Präsidenten Putin aus einem Artikel vom 27.Februar (zwei Tage vor Gaucks SZ-Artikel), mit dem Gauck als Bundespräsident zu tun haben wird, zu zitieren: »Die zahlreichen bewaffneten Konflikte, die in jüngster Zeit ausgebrochen sind und die durch humanitäre Ziele gerechtfertigt werden, verletzen das seit Jahrhunderten heilige Prinzip der staatlichen Souveränität. In den internationalen Beziehungen entsteht ein neues Vakuum – ein moralisch-rechtliches. Man sagt oft, die Menschenrechte hätten Vorrang gegenüber der staatlichen Souveränität. Das stimmt zweifelsohne – jegliche Verbrechen gegen die Menschlichkeit müssen von internationalen Gerichten geahndet werden. Wenn aber unter solchen Vorwänden die staatliche Souveränität einfach verletzt wird, wenn die Menschenrechte von äußeren Kräften selektiv beschützt werden, wenn bei der ›Verteidigung der Menschenrechte‹ die Rechte von vielen anderen Menschen verletzt werden, darunter das allerwichtigste und heilige Recht auf Leben, dann handelt es sich nicht um eine edle Sache, sondern um ganz einfache Demagogie.« Für mich ist das eine dramatische Konstellation. Der russische Präsident in spe nennt die Ansichten, die sein möglicher deutscher Amtskollege in der SZ druckte, »ganz einfache Demagogie.«

Kehren wir zu Gauck zurück. Der Pastor weiß, wie Menschen leicht »das seelische Gleichgewicht verlieren und in Groll feststecken«: »So wie unser Land in seine größte Katastrophe kam und den allergrößten nationalen Übermut entwickelte, als es klein und niedergetreten war, als es gerade kein starkes Ich hatte nach dem Ersten Weltkrieg. Da entstand als Gegenbewegung eine fürchterliche Hybris, die unsere Nation überhöhte und unsere Herrschaft jedem anderen notfalls mit Gewalt aufzwingen wollte.«

So sieht die »Aufarbeitung« der Geschichte des Faschismus und des zweiten Weltkrieges aus der Sicht Gaucks aus. War Deutschland nach 1918 »klein und niedergetreten«? Worin bestand denn die Hybris«? (griechisch frevelhafter Übermut). In der Person Hitlers? Ist das nicht die raffinierte Reinwaschung des Faschismus als »Hybris«, die »unser Land« getroffen hat?

Gauck jauchzt zufrieden: »In diesem unserem Land herrscht Frieden, die Bürger- und Menschenrechte werden respektiert.« Dabei weiß (fast) jeder: Von Deutschland geht wieder Krieg aus. Das Vermächtnis von 1945 »Nie wieder Krieg! Nie wieder Faschismus!« gilt für die Elite nicht mehr. Das Völkerrecht wird gebrochen und der Zwei-Plus-Vier- Vertrag wird als Fetzen Papier behandelt.

Der zuständige UNO-Ausschuss hat 2011 der Bundesregierung eine Liste von Menschenrechtsverletzungen präsentiert (die trotz Aufforderung der UNO kein Presseecho fand). Gauck ging aufs Glatteis, als er die BRD mit der DDR verglich: Für den »Gegenentwurf« DDR behauptete er: »Wir haben bei diesen Entwürfen weniger Freiheit, weniger Lebensfreude, weniger Rechtssicherheit und weniger Wohlstand erlebt. Und deshalb gibt es keinen Grund für den alt-neuen Versuch, eine neue Variante von Antikapitalismus in die politische Debatte zu bringen.« Aus einer unbewiesenen Prämisse (ich finde die »Lebensfreude« in meinem Bekanntenkreis genau so wenig wie Meinungsumfragen), leitet Gauck Schlussfolgerungen für Hunderttausende ab. Sollten nicht mündige Bürger selbst entscheiden dürfen, ob der (für viele) aufgezwungene Kapitalismus, den Rosa Luxemburg als Barbarei bezeichnete, das letzte Wort für die deutsche Geschichte ist?

Wer nicht nur den Buchausschnitt aus der sz, sondern auch andere Veröffentlichungen und andere (hoch honorierte) Reden

Gaucks kennt, könnte zu dem Schluss gelangen, der Pfarrer sei ein eitler Vielschwätzer, der Fichtes Reden zu Erziehung der deutschen Nation kopieren will. Aber Fichte hatte im Unterschiede zu Gauck den Deutschen zu seiner Zeit etwas zu sagen. Gauck kann sich nur um Kopf und Kragen reden. Ich vermute, dass die SZ ihm einen Bärendienst erwiesen hat.

Literatur:
Horst Schneider: Unter dem Dach der Kirche. »Bürgerrechtler« in der DDR, Berlin 2011, ISBN 978-3-939828-59-4
Horst Schneider: Artikel 23. Kein Anschluss unter dieser Nummer, Dresden 2011, ISBN 978-3-940183-07-1

Anlage 5: Erklärung von Theologen zur Wahl des Bundespräsidenten

Freiheit, die wir meinen

Joachim Gauck wird der nächste Bundespräsident sein. Die Kompetenz, seine Glaubwürdigkeit und persönliche Integrität, die ihm dafür zugesprochen werden, beziehen sich auf sein Leben in der DD1. Dass Joachim Gauck anscheinend nicht zur politischen Klasse gehört, erhöht zusätzlich die Erwartungen an ihn. Wer kritische Einwände gegen den Präsidentschafts-Kandidaten vorbringt, muss mit empörten Reaktionen rechnen.

Der Glanz des Unpolitischen, der den Kandidaten umgibt, seine Rolle als moralische Anstalt, die mit seinem Amt als Pfarrer in der DDR begründet wird, verdecken, dass Gauck seit 1990 eminent politische Positionen übernommen hat.

Wenn die Kritik an seinem Wirken als Politiker und öffentliche Person regelmäßig mit dem Argument seiner Diktaturerfahrung abgewehrt wird, entlässt man ihn aus der Verantwortung, die er trägt.

Wir sind wie Joachim Gauck durch diese Diktaturerfahrung gegangen. Uns hat, anders als ihn, nicht der Mangel an Freiheit am stärksten geprägt, sondern unser Kampf, unser Bemühen um ihre Durchsetzung in der DDR. Unser Freiheitsbegriff ist mehr als eine persönliche Selbstbehauptung, die am Ende nur zu einer Freiheit für Privilegierte führt. Wenn wir in der DDR in unseren Freiheits-Texten von Frieden, Gerechtigkeit und der Bewahrung der Schöpfung sprachen, haben wir damit auch eine grundsätzliche Kritik an der modernen Industriegesellschaft verbunden.

Gaucks Denken über Freiheit ist von dem Begriff individueller »Selbstermächtigung« bestimmt. Uns geht es um die aktive gesellschaftliche Öffnung und um die Freiheit aller. Es kommt nicht nur auf eine Haltung der Freiheit an, sondern auf eine Verfassung der Freiheit. Anpassung war für uns in der DDR keine Option. Wir haben Bevormundungen widersprochen, Freiräume mit anderen und für andere geschaffen und gesellschaftliche Veränderungen eingefordert. Diese Erfahrungen aus der DDR ermutigen uns, kritische Bürger im vereinten, demokratischen Deutschland zu bleiben.

Joachim Gauck hat die Erwartungen derjenigen beflügelt, die durch die Beschwörung des Antikommunismus die Freiheit verteidigen wollen. Die dringend erforderliche Kompetenz des künftigen Bundespräsidenten kommt aber nicht aus der Beschwörung der Vergangenheit, sondern aus der Fähigkeit, drängende Fragen der Zukunft zu thematisieren:

Wie schaffen wir es, den Angriff der Finanzmärkte auf die Demokratie, unsere Lebensform der Freiheit, abzuwehren, den Skandal wachsender Verarmung vieler bei explodierendem Reichtum weniger nicht länger hinzunehmen, den Raubbau an den natürlichen Lebensgrundlagen zu beenden, das Zusammenleben der Menschen in kultureller und religiöser Vielfalt zu ermöglichen und neue Konflikte friedlich zu lösen?

Diesen Bundespräsidenten werden wir daran messen, ob und wie er sich die Freiheit nimmt, die Politik angesichts dieser fundamentalen Herausforderungen in die Verantwortung zu nehmen.

Berlin, am 8. März 2012

Unterzeichner:

D. Dr. Heino Falcke, Erfurt; Almuth Berger, Berlin; Joachim Garstecki, Magdeburg; Wolfram Hülsemann, Berlin; Heiko Lietz, Schwerin; Ruth Misselwitz, Berlin; Dr. Sebastian Pflugbeil, Berlin; Dr. Edelbert Richter, Weimar; Dr. h.c. Friedrich Schorlemmer, Wittenberg; Hans-Jochen Tschiche, Satuelle; Dr. h.c. Christof Ziemer, Berlin.

FAZ vom 8.3.2012 17:48 Uhr

Anlage 6: Prager Erklärung

»Wir Teilnehmer der internationalen Konferenz ›Verbrechen der kommunistischen Regime‹, die vom 24. bis 26. Februar 2010 in Prag stattfand, erklären:

1. Kommunistische Regime begingen – und begehen in einigen Fällen immer noch – Verbrechen gegen die Menschheit in allen zentral- und osteuropäischen Ländern und in anderen Staaten, in denen der Kommunismus immer noch lebendig ist.

2. Verbrechen gegen die Menschheit unterliegen, nach internationalem Recht, keiner gesetzlichen Verjährungsfrist. Die Gerechtigkeit, die den kommunistischen Verbrechen in den letzten 20 Jahren widerfahren ist, ist jedoch höchst unbefriedigend.

3. Das Recht auf Gerechtigkeit darf Abermillionen Opfern des Kommunismus nicht verweigert werden.

4. Da Verbrechen gegen die Menschheit, die kommunistische Regime begehen, nicht unter die Gerichtsbarkeit bestehender internationaler Gerichte fallen, fordern wir die Einsetzung eines neuen internationalen Gerichts für kommunistische Verbrechen mit Sitz in der EU. Kommunistische Verbrechen gegen die Menschheit müssen von diesem Gericht in ähnlichere Weise verurteilt und bestraft werden wie etwa die Naziverbrechen vom Nürnberger Gericht oder die Verbrechen im ehemaligen Jugoslawien.

5. Kommunistische Verbrecher nicht zu bestrafen bedeutet, das Völkerrecht zu missachten und dadurch zu schwächen.

6. Als Akt der Wiedergutmachung und Entschädigung müssen europäische Länder Rechtsvorschriften zur Angleichung der Renten und Sozialleistungen der kommunistischen Verbrecher einführen. In ihrer Höhe müssen sie jenen ihrer Opfer gleichwertig oder geringer sein.

7. Da die Demokratie lernen muss, sich zu verteidigen, muss der Kommunismus in ähnlicher Weise verurteilt werden wie der Nazismus. Wir setzen die jeweiligen Verbrechen des Nazismus und des Kommunismus nicht gleich. Sie müssen aber studiert und nach ihren eigenen schrecklichen Verdiensten beurteilt werden. Kommunistische Ideologie und kommunistische Herrschaft stehen im Widerspruch zur Europäischen Menschenrechtskonvention und zur Charta der Grundrechte der EU. Ebenso wie wir gegen eine Relativierung der Nazi-Verbrechen sind, akzeptieren wir auch keine Relativierung der kommunistischen Verbrechen.

8. Wir rufen die EU-Mitgliedstaaten dazu auf, Kenntnis und Erziehung über die Verbrechen des Kommunismus zu vertiefen; wir erinnern sie an die Notwendigkeit, die Entschließung des Europäischen Parlaments vom 2.April 2009 ohne Verzögerung umzusetzen, um den 23. August als europaweiten Gedenktag für die Opfer aller totalitären und autoritären Regimes zu begehen.

9. Wir appellieren an die Europäische Kommission und an den Europäischen Rat für Justiz und Inneres, einen Rahmenbeschluss

über ein europaweites Verbot der Rechtfertigung, Leugnung und Verniedlichung der kommunistischen Verbrechen anzunehmen.

10. Die Einrichtung einer Plattform für das Gedächtnis und das Gewissen Europas, wie sie vom Europäischen Parlament und dem EU-Rat 2009 unterstützt wurde, muss auf EU-Ebene vollendet werden. Einzelne Regierungen müssen ihrer Verpflichtung, an der Arbeit dieser Plattform teilzunehmen, nachkommen.

Als Akt der Anerkennung der Opfer und des Respekts vor ihrem unermesslichen Leid, das ihnen auf dem halben Kontinent zugefügt wurde, muss Europa, dem Beispiel des Denkmals in Washington, D.C., USA, folgend, ein Denkmal für die Opfer des Weltkommunismus errichten.«

Joachim Gauck gehört also zu denen, die behaupten:

- Die DDR habe »Verbrechen gegen die Menschheit« begangen.
- Diese »Verbrechen« würden nicht »verjähren«.
- Ein internationaler Gerichtshof solle gebildet werden und (wie das Tribunal in Nürnberg) die »Verbrecher« bestrafen.
- Der Kommunismus müsse verurteilt werden wie der Nazismus.
- Der 23. August solle europaweit als Gedenktag für die Opfer aller totalitären und autoritären Regimes begangen werden.
- Ein Denkmal für die Opfer des Weltkommunismus soll errichtet werden.

Anlage 7: Die Mecklenburgische Kirche –
eine stramm nationalsozialistische Organisation

KONKRET – *Hamburg – Nr. 4/12, Seite 16/17*

Deutsche Christen – von Erich Später

Die evangelische Kirche Mecklenburgs war eine stramm nationalsozialistische Organisation. Nach 1945 hat der Pfarrer Joachim Gauck in ihr Karriere gemacht, ohne bis heute über ihre braune Geschichte auch nur ein Wort zu verlieren.

Deutschland im Frühjahr 1933. Die protestantischen Kirchen begrüßen die Machtergreifung der NSDAP und also die Zerschlagung der linken Parteien, die Einlieferung tausender NS-Gegner in Konzentrationslager, die Ermordung Hunderter Mitglieder und Funktionäre der Arbeiterbewegung, die Zerstörung des Rechtsstaates und die beginnende Entrechtung der jüdischen Minderheit als »Zeitenwende« und Aufbruch in einen »christlichen Kulturstaat« unter Führung Adolf Hitlers. Von den 18.000 Pfarrern ihrer 28 Landeskirchen mit fast 40 Millionen Protestanten sind schon 1933 nach verschiedenen Schätzungen fast 6.000 Mitglieder in der NSDAP.

Organisiert waren sie als »Deutsche Christen«. Bei der letzten freien Kirchenwahl am 23. Juli 1933, in der zahlreiche Kirchenbehörden, vom obersten Kirchenrat bis zum Kirchenältesten in den Gemeinden, neu gewählt worden waren, hatte die Liste »Glaubensbewegung Deutsche Christen« fast 75 Prozent der Stimmen erhalten. Sie kontrollierte damit fast alle Machtpositionen innerhalb der protestantischen Landeskirchen, besetzte 25 von 28 Landesbischofstellen und propagierte ein Christentum als »Nationalsozialismus der Tat«. Was als jüdisch galt, sollte aus der Kirche und aus Deutschland entfernt werden. Damit fanden die »Deutschen Christen« breite Unterstützung weit über den Kreis ihrer etwa 600.000 registrierten Mitglieder hinaus.

Die innerkirchliche Opposition gegen die »Deutschen Christen«

seit 1934 organisiert in der »Bekennenden Kirche« und im »Pfarrer-notbund« hatte gegen die Entrechtung der jüdischen Minderheit nichts einzuwenden und war begeistert über den außenpolitischen Konfrontationskurs des Regimes, der Deutschlands Macht und Größe wiederherstellen sollte. Ihre Differenzen zur Politik der »Deutschen Christen« lagen vor allem in der Abkehr des innerkirch-lichen Machtanspruches der radikalen Nazis und der Verteidigung des Evangeliums gegen ideologische Vereinnahmung durch die NS-Ideologie. Man war empört über die Forderung nach Abschaffung des Alten Testaments, das nach Ansicht der »Deutschen Christen« im wesentlichen aus Viehhändler und Zuhältergeschichten bestand, wogegen die »Bekennende Kirche« unter großem Aufwand theologi-sche Argumente und Bekenntnisse formulierte. Solidarität mit den von der Auslöschung bedrohten Juden gab es nicht. Denn in der Ju-denfrage waren beide Fraktionen nicht weit voneinander entfernt. Martin Niemöller, Mitbegründer des »Pfarrernotbundes«, predigte vom Fluch, der auf die Juden, die Kreuziger Christi, gekommen sei, und meinte, dass die »nicht arischen« Pfarrer aus Liebe zur Kirche auf ihre Stellen verzichten sollten.

Nach der Verabschiedung der Nürnberger Rassengesetze im Jahr 1935 wurden »Arier« und »Nichtarier« auf der Basis der jeweiligen Glaubenszugehörigkeit der Großeltern bestimmt. Die Zugehörigkeit zum Judentum wurde gesetzlich definiert. Von nun an musste jeder Bürger zum Nachweis seiner Abstammung eine Ahnentafel vorle-gen. Jeder Bewerber um ein Amt in Staat, Partei oder SS brauchte mindestens sieben Dokumente: seine Geburts- und Taufurkunde so-wie die entsprechenden Urkunden der Eltern und Großeltern.

Vor 1875/76 waren Geburten, Taufen und Sterbefälle nur von den Kirchen registriert worden. Der Aufbau des NS-Rassestaates und die »erbbiologische« Erfassung der Juden auf dem Weg in die Vernich-tungslager wären ohne die Mitwirkung der deutschen Kirchen mit ihren 600.000 Kirchenbüchern nicht möglich gewesen. Die katholische und die evangelische Kirche stellten ihre Unterlagen dem NS-Staat bereitwillig zur Verfügung.

Besonders eifrig bei der erbbiologischen Erfassung war die evangelische Landeskirche Mecklenburg, deren Landesbischof Schulz ein fanatischer Nazi war.

In den Augen der mecklenburgischen Kirchenführung war das deutsche Volk seit Jahrhunderten einer mehr oder weniger systematisch betriebenen »blutsmäßigen Verjudung« ausgesetzt. Diese zu erfassen und durch Taufregister und »Judenkarteien« zu belegen, scheute man keinen Aufwand. Ende April 1939 verfügte die Forschungsstelle über 70 Mitarbeiter. Seit ihrem Bestehen hatte sie mittlerweile 418.872 Eingänge bearbeitet und cirka eine Millionen Beurkundungen ausgestellt. Über 18.000 ehrenamtliche Mitarbeiter unterstützen die Arbeit der evangelischen Rasseforscher.

Ab 1939 wurde ein großer Teil der Mitarbeiter zur Wehrmacht eingezogen. Zu diesem Zeitpunkt war Mecklenburg allerdings bereits fast »judenfrei«. Von den 1.600 jüdischen Bürgern des Landes waren viele vor dem antisemitischen Terror geflohen. Wem die Flucht nicht gelungen war, dem stand die Deportation in die Ghettos und Vernichtungslager bevor. Auch die getauften Juden wurden in ganz Deutschland aus der Kirche ausgeschlossen und zur Tötung frei gegeben. Am 21. Februar 1939 wurde im kirchlichen Amtsblatt verkündet: »Juden können nicht Angehörige der evangelisch-lutherischen Kirche Mecklenburgs werden.« Der Zutritt zu Kirchengebäuden und die Teilnahme an Gottesdiensten wurden getauften Juden verwehrt.

Den vollkommenen politischen und moralischen Bankrott des deutschen Protestantismus vollendete die begeisterte Unterstützung für Hitlers Krieg. Gepredigt wurde die patriotische Pflicht zum Dienst in Hitlers Wehrmacht, als christlicher Kreuzzug gegen den jüdischen Bolschewismus gefeiert der Überfall auf die Sowjetunion. Die Ermordung hunderttausender jüdischer Männer, Frauen und

Kinder bis Ende 1941 auf dem eroberten Terrain der Sowjetunion war der Kirchenführung bekannt. Anfang November 1941 hatten die ersten Massendeportationen deutscher Juden nach Minsk begonnen. Dessen ungeachtet veröffentlichten die protestantischen Kirchen von Mecklenburg, Thüringen, Sachsen, Hessen-Nassau, Schleswig-Holstein, Anhalt und Lübeck nach einem schweren Bombenangriff der englischen Luftwaffe am 17. Dezember 1941 eine Erklärung, in der es hieß, die Juden könnten aufgrund der Eigenheiten ihrer Rasse durch Taufe nicht erlöst werden, sie seien für den Krieg verantwortlich und geborene »Welt- und Reichsfeinde«. Daher »seien schärfste Maßnahmen gegen die Juden zu ergreifen und sie aus Deutschland auszuweisen.« Damit billigten die Landeskirchen offiziell und aus eigener Überzeugung den Massenmord an der jüdischen Bevölkerung im deutschen Machtbereich.

Nach dem Ende der NS-Herrschaft wurden die protestantischen Landeskirchen auch in der sowjetischen Besatzungszone weitestgehend geschont. Die Pfarrer blieben während der Entnazifizierungsphase fast ausnahmslos im Amt. Das galt auch für den mecklenburgischen Pfarrer Schmitt…[1]

Gauck, der in einem Nazi-Elternhaus groß geworden ist, und noch heute seine Mutter, die 1932 Mitglied der NSDAP wurde, und seinen Vater, der dies angeblich erst 1934 tat, als Mitläufer entschuldigt, hat über die nazistischen und antisemitischen Traditionen seines Tätigkeitsbereiches, der mecklenburgischen Kirche, bis heute kein Wort verloren. Auch die Rolle, die sein Onkel, ein aktiver Nazi (»Übermorgen habe ich Exekution«, schreibt Schmitt am 5. Dezember 1944 an seine Frau Gerda), für seine Karriere in der Kirche gespielt hat, verschweigt er in seiner 2009 veröffentlichten Autobiografie. Er geht sogar noch weiter und präsentiert seine Familie als Opfer der Kommunisten. Bis heute predigt er einen militanten Antikommunismus, der keinen Begriff von den deutschen Massenverbrechen in der Sowjetunion während des Zweiten Weltkrieges hat. Damit befindet er sich in guter Gesellschaft, denn eine Auseinandersetzung über den mörderischen Antisemitismus der evangelischen Kirche und deren Unterstützung des Naziregimes hat es bis heute so gut wie nicht gegeben.

Dafür blühte die Legende vom »Kirchenkampf« und dem Widerstand vieler Protestanten gegen den gottlosen NS-Staat. Auch die »Judenfrage« wurde durch die evangelische Kirche nach Kriegsende wieder gestellt. Man war beunruhigt über die Anwesenheit zehntausender jüdischer Überlebender. Da die alten Methoden nicht mehr anwendbar waren, sollte das »jüdische Problem« durch die Bekehrung der Überlebenden zum Christentum gelöst werden. Dazu wurden in allen Landeskirchen Vereine für die Judenmission gegründet.

Am 2. Dezember 1946 gründeten Vertreter der Mecklenburgischen Landeskirche den »Judenmissionsverein für Mecklenburg-Schwerin«. Die Zahl der zu Bekehrenden war allerdings überschaubar. Von den jüdischen Bürgern Rostocks hatten lediglich 14 die Verfolgung überlebt. In Stralsund waren es zwei. Über den Erfolg der Missionsbemühungen gibt es keine Angaben. 1966 wurde der Verein umgetauft in »Arbeitsgemeinschaft Kirche und Judentum«.

Erich Später, Jahrgang 1959, ist Historiker und Germanist und arbeitet in Saarbrücken für die Heinrich-Böll-Stiftung.

Anmerkung

1   Näheres zu Schmitt siehe Abschnitt »Gauck und Onkel Schmitt – ein strammer SA-Führer«

Danksagung

Wir danken allen Bürgerinnen und Bürgern, Verbänden und Vereinen, die uns durch Informationen bei diesem Buch geholfen und uns berechtigt haben, ihre Meinung zu veröffentlichen.

Wir danken besonders Günter Althaus – Rostock, Mitglied der Rostocker Bürgerschaft; Rechtsanwalt Hans Bauer – Berlin, Vorsitzender der Gesellschaft zur rechtlichen und humanitären Unterstützung e.V. (GRH); Prof. Horst Bischoff – Berlin, Jurist; Rudolf Denner – Berlin, Journalist; Dietrich Eckhardt – Berlin, Bildgestalter; Daniel Hager – Berlin, Journalist; Helmut Holfert – Berlin, Redakteur; Theodor Hoffmann – Berlin, Minister für Nationale Verteidigung der DDR in der Regierung Modrow; Prof. Dr. Stefan Karner – Wien, Historiker; Hariolf Reitmaier – Karlshagen, Fernsehredakteur; Prof. Horst Schneider – Dresden, Historiker und Publizist; Karl-Heinz Wendt – Berlin, Bundesvorsitzender der Gesellschaft von Bürgerrecht und Menschenwürde e.V. GBM); Prof. Dr. Gert Wendelborn – Rostock, Theologe; Klaus Wendler – Berlin, Kameramann.

Wir danken Rechtsanwalt i.R. Manfred Hegner †, der die Recherchen zu Gauck wesentlich initiiert hat.

Aufforderung

Wir bitten die Bürgerinnen und Bürger, insbesondere aus Rostock und Wustrow, die uns wichtige Informationen haben zukommen lassen, aber bisher anonym bleiben wollten, ihre Anonymität aufzugeben. Wir fordern die Bürgerinnen und Bürger, die weitere zweckdienliche Hinweise haben, auf, uns diese zur Verfügung zu stellen. Auf Wunsch garantieren wir Quellenschutz.

Die Autoren
Berlin, März 2013